Ursula Tilsner

Erdkundeunterricht mit DaZ-Schülern 8–10

Arbeitsblätter mit darauf abgestimmten Wortschatzkarten:
Sofort-Hilfe für Lehrer ohne DaZ-Kenntnisse

Auer

Gedruckt auf umweltbewusst gefertigtem, chlorfrei gebleichtem und alterungsbeständigem Papier.

1. Auflage 2018

Covergestaltung: annette forsch konzeption und design, Berlin
Coverillustration: Steffen Jähde
Illustrationen: Steffen Jähde
Satz: Fotosatz H. Buck, Kumhausen
Druck und Bindung: Korrekt Nyomdaipari Kft, Budapest
ISBN 978-3-403-**08209**-5

www.auer-verlag.de

Inhaltsverzeichnis

DaZ-Schüler, die nach dem Besuch der Vorbereitungsklasse auf die Regelklassen verteilt werden, sollen möglichst sofort in das Unterrichtsgeschehen mit einbezogen werden.

Sie sollen
- Freude am Zuhören und Mitsprechen sowie am Lesen und Schreiben in der Zweitsprache entwickeln,
- die deutsche Standardsprache immer besser verstehen können (zuerst nur Gesprochenes, dann auch Geschriebenes),
- sich zunehmend differenziert in deutscher Standardsprache verständigen bzw. sich am Unterricht beteiligen können: zuerst nur mündlich, dann auch schriftlich,
- unter Wahrung ihrer sprachlichen und kulturellen Identität in die neue Sprach- und Kulturgemeinschaft als aktives Mitglied hineinwachsen.

Die Kopiervorlagen in diesem Band richten sich an Schüler[1], deren **Muttersprache nicht Deutsch** ist. Sie zielen darauf ab, die Sprachkompetenz dieser Schüler zu erweitern und sie bestmöglich in ihrem mündlichen und schriftlichen Sprachgebrauch zu fördern. Damit wird gleichzeitig die Integration in der Lerngruppe erleichtert.

Die Schüler sollen inhaltlich klar umrissene **fachspezifische Themenfelder** aus den Kerncurricula erarbeiten. Die vorliegenden Materialien sind somit nicht nur für den DaZ-Unterricht, sondern primär für den **Fachunterricht** geeignet. Damit lernen die Schüler die fachlichen Inhalte und verbessern gleichzeitig ihre Deutschkenntnisse. Weiterhin müssen die Schüler nicht separate Inhalte lernen, sondern erschließen sich die gleichen Kompetenzen wie ihre deutschsprachigen Mitschüler. DaZ-Schüler werden also im Fachunterricht „mitgenommen" und eine Teilhabe am Unterricht wird ermöglicht, was wiederum zu ihrer Integration beiträgt.

Jedes Kapitel ist gleich aufgebaut: Es enthält eine Seite mit Wortschatzkarten, die das unbekannte Vokabular der Arbeitsblätter mittels Bildern und englischen Übersetzungen einführen, sowie zwei Arbeitsblätter in unterschiedlichen sprachlichen und inhaltlichen Differenzierungsstufen. Damit wird ermöglicht, dass die Schüler am gleichen Thema auf unterschiedlichem Sprachniveau arbeiten können.

Die sich im Buch befindlichen Materialien können schnell, einfach und effizient vom Lehrer genutzt werden.

[1] Aufgrund der besseren Lesbarkeit ist mit Schüler auch immer Schülerin gemeint, ebenso verhält es sich bei Lehrer und Lehrerin etc.

Jedes Thema besteht aus zwei Arbeitsblättern. Diese wurden sowohl sprachlich als auch qualitativ und quantitativ differenziert konzipiert.

Das **einfachere Arbeitsblatt** ist vor allem für Schüler geeignet, die die deutsche Sprache noch in sehr geringem Maß bzw. gar nicht beherrschen. Das **anspruchsvollere Arbeitsblatt** ist für diejenigen gedacht, die schon etwas besser Deutsch können. Beide enthalten eindeutige Bilder, Begriffshilfen und leichte Sprache für ein barrierefreies Erschließen von Texten[2]. Die Sätze sind verhältnismäßig kurz, jede Aufgabenstellung enthält möglichst nur einen Inhalt, abstrakte Begriffe werden vermieden.

Um den Schülern das Erschließen der Inhalte und das Erledigen der Arbeitsaufträge zu erleichtern, werden zahlreiche Begriffe, die in den Arbeitsblättern verwendet werden, mithilfe von **Wortschatzkarten** erklärt. Auf diesen Karten befinden sich das deutsche Wort (Verb, Adjektiv bzw. Nomen), dessen englische Übersetzung und ein passendes Bild. Verben werden in der Regel im Infinitiv und im Imperativ dargestellt, bei Nomen werden Einzahl und Mehrzahl genannt.

Insgesamt werden drei verschiedene Wortschatzarten angeboten. Der **Schulwortschatz** enthält elementare Basiswörter, die benötigt werden, um sich im Umfeld Schule sprachlich zurechtzufinden. Des Weiteren gibt es den **Fachwortschatz**. Dort werden alle grundlegenden Wörter, die für das Fach relevant sind, entsprechend dem oben erwähnten Muster abgebildet. Dieser wird ergänzt durch den **Themenwortschatz**, der sich speziell auf das jeweilige Thema bezieht. Die Wortschatzkarten sollten ausgeschnitten und in Karteikästen gesammelt werden, sodass die Schüler die Wörter jederzeit wiederholen und nachschlagen können.

Werden den Schülern in den Arbeitsblättern unbekannte Wörter genannt, sind sie entsprechend gekennzeichnet und können mithilfe der Wortschatzkarten nachgeschlagen werden. Zur Unterscheidung der drei Wortschatzarten werden alle Wörter, die im Schulwortschatz nachzuschlagen sind, mit unterbrochener Unterstreichung markiert. Ist ein Wort durchgehend unterstrichen, so findet man es im Fachwortschatz oder im Themenwortschatz. Selbstverständlich werden die unbekannten Wörter auch in den Lösungen entsprechend ausgewiesen, sodass die Schüler auch an dieser Stelle die Möglichkeit erhalten, fachlichen Inhalt und sprachliche Kenntnisse zu vertiefen.

Auf den Wortschatzkarten sind alle Begriffe alphabetisch sortiert. Sind im Arbeitsblatt Verben durch Konjugation im Vergleich zum dazugehörigen Infinitiv sehr stark verändert (z. B. „miss“ und „messen“), wird in Klammern auf den Infinitiv verwiesen, um das Auffinden in den Wortschatzkarten zu erleichtern.

[2] In Anlehnung an die Europäischen Richtlinien für leichte Lesbarkeit.

Das vorliegende Werk orientiert sich an den Lehrplänen und curricularen Vorgaben sowie an den gängigen Schulwerken. Es werden damit möglichst viele Inhalte des Erdkundeunterrichts in den Jahrgangsstufen 8–10 abgedeckt. Es soll den Lehrern eine wertvolle Hilfe sein, Lernenden nicht deutscher Herkunft den Unterrichtsstoff der Lerngruppe zu vermitteln und gleichzeitig die sprachlichen Kompetenzen zu fördern.

Die Arbeitsblätter sowie die Wortschatzkarten sollen den Lehrern als Unterstützung dienen, Schüler, die Schwierigkeiten mit der deutschen Sprache haben, in den Erdkundeunterricht einbinden zu können. Durch die Arbeit mit den unterschiedlichen Aufgabenformaten erlernen diese dabei einerseits die im Erdkundeunterricht notwendigen Fachbegriffe, andererseits die erforderlichen Inhalte. Da die inhaltliche Tiefe bei so komplexen Themen wie Globalisierung, Slumbildung oder Klimawandel mit wenig Wortmaterial nicht voll ausgeschöpft werden kann, sollte innerhalb des Fachunterrichts hier weiter am Thema gearbeitet werden.

Für jedes Thema gibt es jeweils zwei differenzierte Arbeitsblätter, denen ein gemeinsamer Wortschatz zugrunde liegt. Die Arbeitsblätter sind in ihrer Schwierigkeit sowohl nach dem sprachlichen Niveau als auch hinsichtlich der kognitiven Aktivierung differenziert gestaltet. Somit kann die Mitwirkung der Schüler mit geringen Deutschkenntnissen im regulären Unterricht den individuellen Voraussetzungen und Bedürfnissen der Lernenden angepasst werden.

Dabei sollte nicht außer Acht gelassen werden, dass eine Sprache nur über ein verbales Vorbild erlernt werden kann. Es ist also unerlässlich, die Schüler direkt anzusprechen bzw. sie mit Schülern der Klasse gemeinsam arbeiten – und sprechen – zu lassen.

Es wurde Wert darauf gelegt, dass die Formate vielfach durch Icons erläutert werden und sich die Aufgabentypen wiederholen, um eine Wiedererkennung zu ermöglichen und selbstständiges Arbeiten zu erleichtern.
Häufig findet sich zu Beginn eines neuen Themas ein Informationstext, in dem auf einfachem Sprachniveau die wichtigsten Sachverhalte erläutert werden.

Bei der Erstellung der Arbeitsmaterialien wurden vor allem folgende Unterrichtsprinzipien zugrunde gelegt:

- **Prinzip der Differenzierung**
  Die Arbeitsblätter in zwei Niveaustufen sind unterschiedlich einsetzbar:
  - Als qualitative Differenzierung: Für leistungsschwächere Schüler ist Niveaustufe 1 gedacht, für leistungsstärkere Niveaustufe 2.
  - Als quantitative Differenzierung: Für leistungsschwächere Lernende kann der Umfang vieler Aufgaben ohne Weiteres reduziert werden, indem sie z. B. nur einen Teil eines Arbeitsblatts bearbeiten. Leistungsstärkere hingegen können zuerst das Aufgabenniveau 1 und später das Aufgabenniveau 2 bearbeiten. Dabei wird ein Teil der Aufgaben Wiederholung sein, um die erlernten Wörter zu vertiefen und zu sichern, ein weiterer Teil ist Transferleistung, Verknüpfung oder weiterführende Arbeit.
- **Prinzip der Selbsttätigkeit/Aktivierung**
  Den Lernenden soll die Gelegenheit gegeben werden, einen Sachverhalt mithilfe ihrer individuellen Lern- und Handlungsmöglichkeiten zu bearbeiten, damit sie dabei ihre

Selbstständigkeit und Selbstbestimmung entwickeln können. Es wurden daher häufiger Bastel- und Legeformate gewählt, um die Schüler möglichst mit allen Sinnen zum einen selbsttätig agieren zu lassen und zum anderen deren Motivation zu fördern.
Für Lerner mit geringen Sprachkenntnissen ist hierbei aber eine ständige Begleitung durch die Lehrkraft und/oder Mitschüler notwendig (z. B. um die Aussprache zu üben oder um Farbgebungen zu erläutern).

- **Prinzip der Anschaulichkeit**
  Schon durch den Einsatz der Bilder wird der Zielgruppe der Inhalt verdeutlicht. Ich habe aber daneben vielfach Aufgaben gewählt, die den Lerninhalt über eine weitere Darstellungsebene veranschaulichen sollen, sodass dieser den Lernenden auch sinnlich erfassbar gemacht wird.

Methodisch habe ich mich ebenfalls an den in den Schulbüchern gängigen Aufgabenformaten orientiert. Wichtig bei der Methodenwahl war mir, dass die Schüler für sich selbst arbeiten und dass auch vielfach Verknüpfungen zur Klasse hergestellt werden können.

Bei verschiedenen Aufgaben muss der Atlas benutzt werden, ohne dass ich dessen Einführung explizit aufgenommen habe. Hier benötigen die Schüler insbesondere Unterstützung bei der Kartenwahl.

Außerdem kommen immer wieder Übungen vor, bei denen die Lernenden mit unterschiedlichen Farben arbeiten sollen. Es scheint mir unerlässlich, bei diversen Aufgaben – z. B. zur Gestaltung einer eigenen Karte – nicht auf Farbgebung zu verzichten.

Die Lösungen zu den jeweiligen Arbeitsblättern sind sowohl als Hilfe für die Lehrer als auch zur Selbstkontrolle geeignet.

Ich wünsche Ihnen viel Erfolg und hoffe, Sie in Ihrer Arbeit mit den Schülern, die über geringe Deutschkenntnisse verfügen, unterstützen zu können.

Ursula Tilsner

Schulwortschatz

Schulwortschatz

ankreuzen		das Ankreuzen
kreuze an!		–
to tick		*ticking*

Schulwortschatz

anmalen		das Anmalen
male an!		–
to colour		*colouring*

Schulwortschatz

		die Aufgabe
		die Aufgaben
		the task

Schulwortschatz

aufstehen		das Aufstehen
steh auf!		–
to stand up		*standing up*

Schulwortschatz

		die Aula
		die Aulen/Aulas
		the assembly hall

Schulwortschatz

ausschneiden		das Ausschneiden
schneide aus!		–
to cut out		*cutting out*

Schulwortschatz

beantworten		die Beantwortung
beantworte!		die Beantwortungen
to answer		*the answer*

Schulwortschatz

		das Beispiel
		die Beispiele
		the example

Schulwortschatz

beschreiben		die Beschreibung
beschreibe!		die Beschreibungen
to describe		*the description*

Schulwortschatz

beschriften		die Beschriftung
beschrifte!		die Beschriftungen
to label		*the label*

Schulwortschatz

Schulwortschatz

betrachten betrachte! *to examine*		die Betrachtung die Betrachtungen *the examination*

Schulwortschatz

	bildlich *pictorial*	**das Bild** die Bilder *the picture*

Schulwortschatz

		der Bleistift die Bleistifte *the pencil*

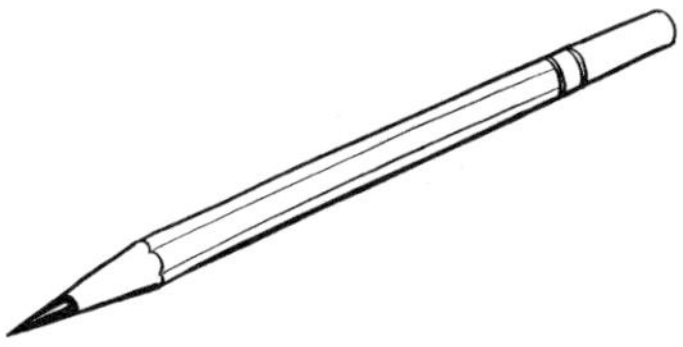

Schulwortschatz

		der Block die Blöcke *the notepad*

Schulwortschatz

		das Buch die Bücher *the book*

Schulwortschatz

buchstabieren buchstabiere! *to spell*		**der Buchstabe** die Buchstaben *the letter*

A

Schulwortschatz

		der Buntstift die Buntstifte *the coloured pencil*

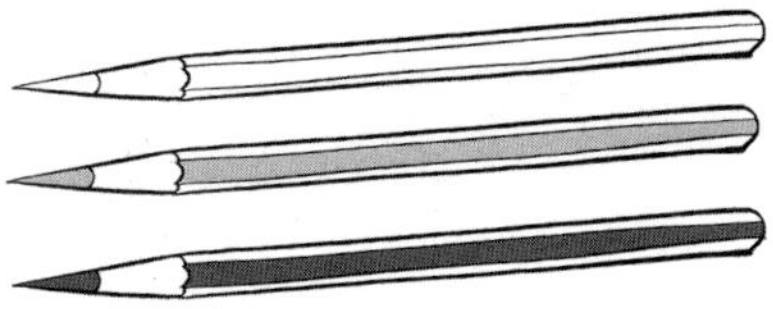

Schulwortschatz

		das Datum – *the date*

1.
Februar
2016

Schulwortschatz

durchstreichen streiche durch! *to cross out*		das Durchstreichen – *crossing out*

durchstreichen

Schulwortschatz

erklären erkläre! *to explain*		die Erklärung die Erklärungen *the explanation*

Schulwortschatz

Schulwortschatz		
	falsch *wrong*	das Falsche – *the wrong answer*

1 + 1 = 3 f

Schulwortschatz		
		das Fenster die Fenster *the window*

Schulwortschatz		
fragen frage! *to ask*		die Frage die Fragen *the question*

Schulwortschatz		
füllen fülle! *to fill*		**der Füller** die Füller *the ink pen*

Schulwortschatz		
		der Hausmeister/ **die Hausmeisterin** die Hausmeister/-innen *the caretaker*

Schulwortschatz		
		das Heft die Hefte *the exercise book*

Schulwortschatz		
helfen hilf! *to help*		die Hilfe die Hilfen *the help*

Schulwortschatz		
(sich) hinsetzen setze dich hin! *to sit down*		das Hinsetzen – *sitting down*

Schulwortschatz		
hören höre! *to hear*		das Hören – *hearing*

Schulwortschatz		
		das Kästchen die Kästchen *the box*

Schreibe das Wort in das ☐.

Schulwortschatz

Schulwortschatz

		das Klassenzimmer die Klassenzimmer *the classroom*

Schulwortschatz

lehren lehre! *to teach*		**der Lehrer/die Lehrerin** die Lehrer/-innen *the teacher*

Schulwortschatz

		das Lehrerzimmer die Lehrerzimmer *the teacher's room*

Schulwortschatz

	leicht *easy*	

1+1=2

Schulwortschatz

lernen lerne! *to learn*		das Lernen – *learning*

Schulwortschatz

lesen lies! *to read*		das Lesen – *reading*

Schulwortschatz

		das Lineal die Lineale *the ruler*

Schulwortschatz

		die Lücke die Lücken *the gap*

Fülle die ______________ aus.

Schulwortschatz

		das Mäppchen die Mäppchen *the pencil case*

Schulwortschatz

markieren markiere! *to highlight*		die Markierung die Markierungen *the highlight*

Schulwortschatz

Schulwortschatz

nennen nenne! *to name*		das Nennen – *the naming*

Schulwortschatz

ordnen ordne! *to order*		die Ordnung – *the order*

Schulwortschatz

		der Ordner die Ordner *the file*

Schulwortschatz

		der Papierkorb die Papierkörbe *the waste-paper basket*

Schulwortschatz

		die Pause die Pausen *the break*

	Montag	Dienstag
8:00-8:45	Deutsch	Mathematik
8:45-9:30	Deutsch	Englisch
9:30-9:50		
9:50-10:35	Englisch	Deutsch

Schulwortschatz

		der Pausenhof die Pausenhöfe *the schoolyard*

Schulwortschatz

radieren radiere! *to rub out*		**der Radiergummi** die Radiergummis *the rubber*

Schulwortschatz

rechnen rechne! *to calculate*		die Rechnung die Rechnungen *the calculation*

Schulwortschatz

		die Reihenfolge die Reihenfolgen *the order*

1 ➡ 2 ➡ 3 ➡ 4 ➡ 5 ➡ ...

Schulwortschatz

	richtig *right*	das Richtige – *the right answer*

1 + 1 = 2 ✓

Schulwortschatz

Schulwortschatz

		die Schere die Scheren *the scissors*

Schulwortschatz

schreiben schreibe! *to write*		das Schreiben – *writing*

Schulwortschatz

		der Schulleiter/ **die Schulleiterin** die Schulleiter/-innen *the head teacher*

Schulwortschatz

	schwer *difficult*	

$\int_a^b f(x)dx=F(b)-F(a)$

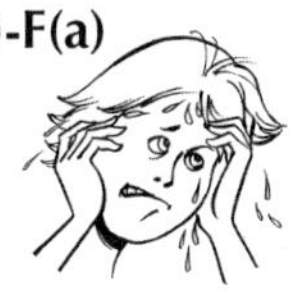

Schulwortschatz

sehen sieh! *to see*		das Sehen – *seeing*

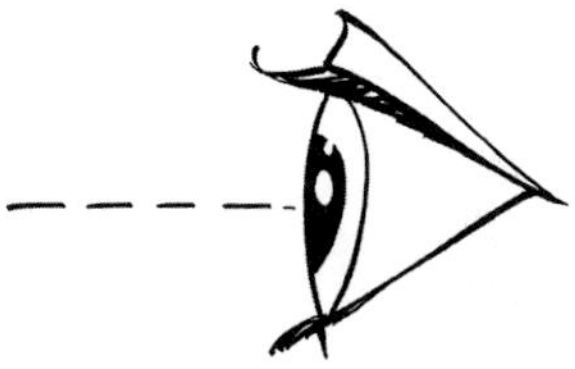

Schulwortschatz

		das Sekretariat die Sekretariate *the school office*

Schulwortschatz

spielen spiele! *to play*		das Spiel die Spiele *the game*

Schulwortschatz

spitzen spitze! *to sharpen*	spitz *sharp*	**der Spitzer** die Spitzer *the pencil sharpener*

Schulwortschatz

sprechen sprich! *to speak*		das Sprechen – *speaking*

Schulwortschatz

		der Stift die Stifte *the pen*

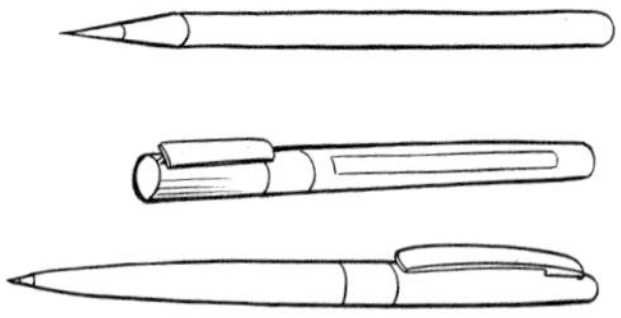

Schulwortschatz

Schulwortschatz		
		der Stuhl die Stühle *the chair*

Schulwortschatz		
suchen suche! *to search*		die Suche die Suchen *the search*

Schulwortschatz		
		die Tabelle die Tabellen *the table*

falsch	richtig

Schulwortschatz		
		die Tafel die Tafeln *the blackboard*

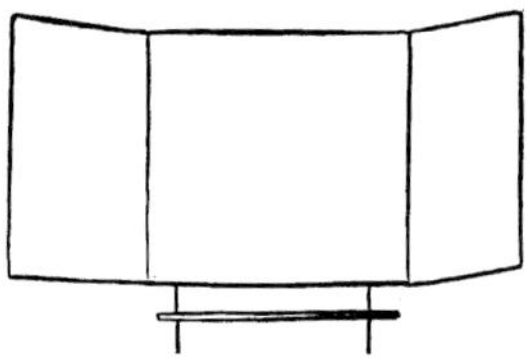

Schulwortschatz		
		die Tasche die Taschen *the bag*

Schulwortschatz		
		der Textmarker die Textmarker *the highlighter*

TEXTMARKER

Schulwortschatz		
		der Tisch die Tische *the table*

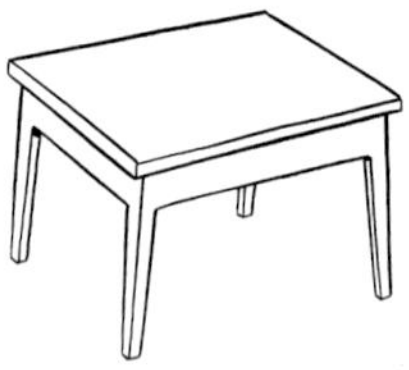

Schulwortschatz		
überlegen überlege! *to consider*		die Überlegung die Überlegungen *the consideration*

Schulwortschatz		
überprüfen überprüfe! *to check*		die Überprüfung die Überprüfungen *the check*

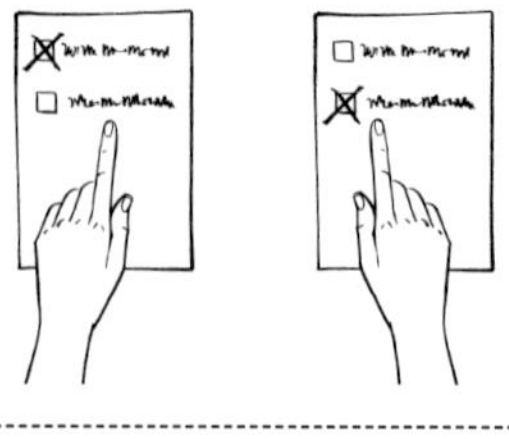

Schulwortschatz		
übersetzen übersetze! *to translate*		die Übersetzung die Übersetzungen *the translation*

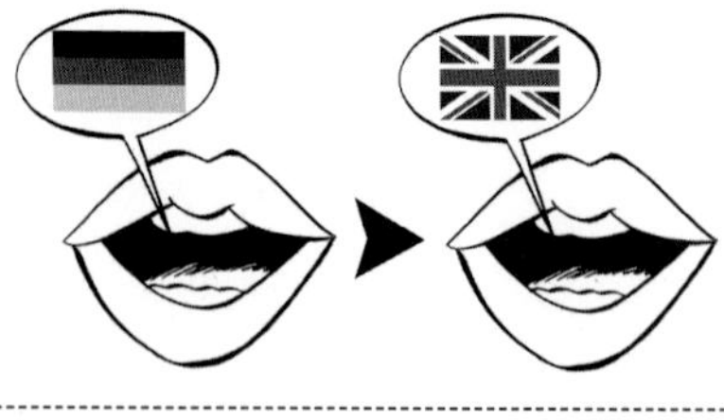

Schulwortschatz

		die Uhr die Uhren *the clock*

Schulwortschatz

verbinden verbinde! *to connect*	verbunden *connected*	die Verbindung die Verbindungen *the connection*

Schulwortschatz

wiederholen wiederhole! *to repeat*		die Wiederholung die Wiederholungen *the repetition*

Schulwortschatz

		das Wort die Wörter *the word*

Schulwortschatz

		das Wörterbuch die Wörterbücher *the dictionary*

Schulwortschatz

zählen zähle! *to count*		**die Zahl** die Zahlen *the number*

Schulwortschatz

zeichnen zeichne! *to draw*		die Zeichnung die Zeichnungen *the drawing*

Schulwortschatz

zeigen zeige! *to show*		das Zeigen – *showing*

Schulwortschatz

	zeitlich *temporal*	**die Zeit** die Zeiten *the time*

Schulwortschatz

zuordnen ordne zu! *to match*		die Zuordnung die Zuordnungen *the matching*

Fachwortschatz

Fachwortschatz Erdkunde

	alt	das Alter
	old	–
		the age

Fachwortschatz Erdkunde

arbeiten		die Arbeit
arbeite!		die Arbeiten
to work		the work

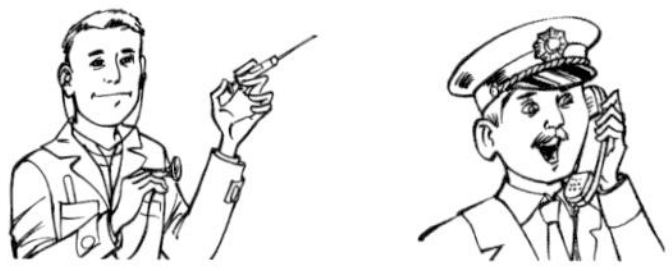

Fachwortschatz Erdkunde

	arm	der Arme
		die Armen
	poor	the poor

Fachwortschatz Erdkunde

		der Atlas
		die Atlanten
		the atlas

Fachwortschatz Erdkunde

		der Baum
		die Bäume
		the tree

Fachwortschatz Erdkunde

	bergig	der Berg
		die Berge
	mountainous	the mountain

Fachwortschatz Erdkunde

(sich) bewegen		die Bewegung
beweg dich!		die Bewegungen
to move		the movement

Fachwortschatz Erdkunde

		der Boden
		die Böden
		the ground

Fachwortschatz Erdkunde

	deutsch	Deutschland
		–
	German	Germany

Fachwortschatz Erdkunde

		der Druck
		–
		the pressure

Fachwortschatz

Fachwortschatz Erdkunde

	elektrisch *electric*	**die Elektrizität** – *the electricity*

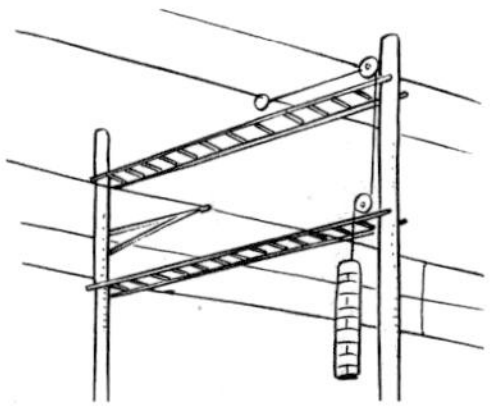

Fachwortschatz Erdkunde

		die Energie die Energien *the energy*

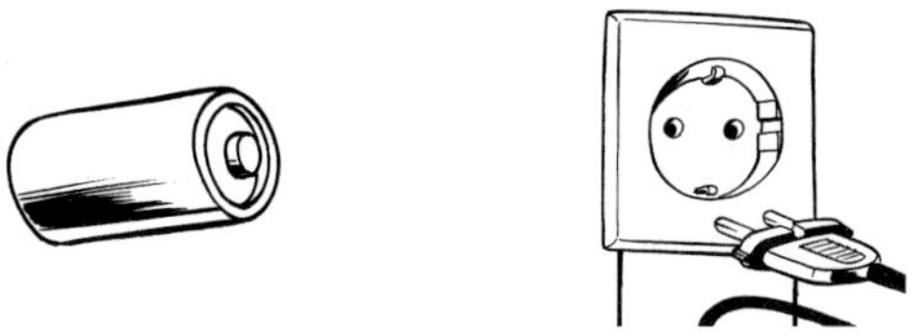

Fachwortschatz Erdkunde

		die Erde – *the earth*

Fachwortschatz Erdkunde

		das Erdöl – *the petroleum*

Fachwortschatz Erdkunde

essen iss! *to eat*		das Essen – *the food*

Fachwortschatz Erdkunde

fließen fließ! *to flow*	flüssig	**der Fluss** die Flüsse *the river*

Fachwortschatz Erdkunde

		die Frau die Frauen *the woman*

Fachwortschatz Erdkunde

		das Gas die Gase *the gas*

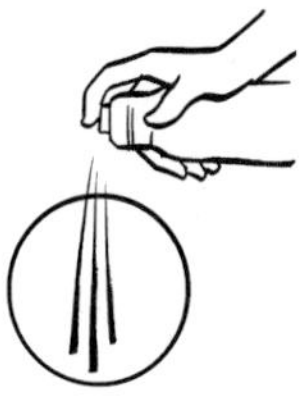

Fachwortschatz Erdkunde

	gebirgig *mountainous*	**das Gebirge** die Gebirge *the mountain range*

Fachwortschatz Erdkunde

		das Gestein die Gesteine *the rocks*

Fachwortschatz

Fachwortschatz Erdkunde		
	groß *tall*	die Größe die Größe *the height*

Fachwortschatz Erdkunde		
		das Haus die Häuser *the house*

Fachwortschatz Erdkunde		
	heiß *hot*	die Hitze – *the heat*

35 °C

Fachwortschatz Erdkunde		
	hoch *high*	**die Höhe** – *the height*

Fachwortschatz Erdkunde		
	kalt *cold*	**die Kälte** – *the cold*

-20 °C

Fachwortschatz Erdkunde		
		die Karte die Karten *the map*

Fachwortschatz Erdkunde		
	kindlich *childish*	**das Kind** die Kinder *the child*

Fachwortschatz Erdkunde		
		der Kontinent die Kontinente *the continent*

Fachwortschatz Erdkunde		
liegen liege! *to lie*		die Lage *the location*

Fachwortschatz Erdkunde		
	ländlich *rural*	**das Land** die Länder *the country*

Fachwortschatz

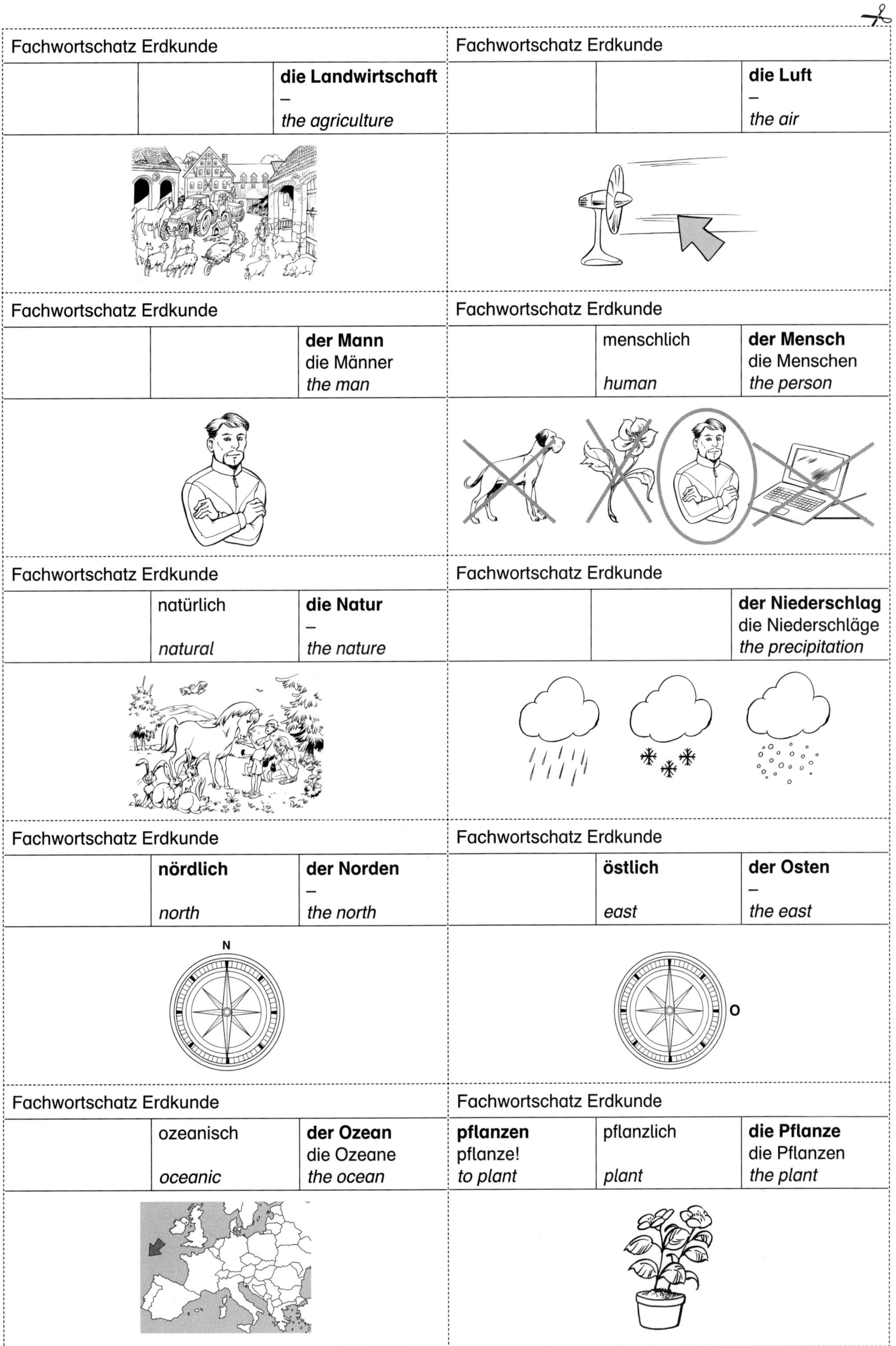

Fachwortschatz Erdkunde

		die Landwirtschaft – *the agriculture*

Fachwortschatz Erdkunde

		die Luft – *the air*

Fachwortschatz Erdkunde

		der Mann die Männer *the man*

Fachwortschatz Erdkunde

	menschlich *human*	**der Mensch** die Menschen *the person*

Fachwortschatz Erdkunde

	natürlich *natural*	**die Natur** – *the nature*

Fachwortschatz Erdkunde

		der Niederschlag die Niederschläge *the precipitation*

Fachwortschatz Erdkunde

	nördlich *north*	**der Norden** – *the north*

Fachwortschatz Erdkunde

	östlich *east*	**der Osten** – *the east*

Fachwortschatz Erdkunde

	ozeanisch *oceanic*	**der Ozean** die Ozeane *the ocean*

Fachwortschatz Erdkunde

pflanzen pflanze! *to plant*	pflanzlich *plant*	**die Pflanze** die Pflanzen *the plant*

Fachwortschatz

Fachwortschatz Erdkunde

		der Punkt die Punkte *the point*

Fachwortschatz Erdkunde

regnen regne! *to rain*	regnerisch *rainy*	**der Regen** – *the rain*

Fachwortschatz Erdkunde

schichten schichte! *to layer*		**die Schicht** die Schichten *the layer*

Fachwortschatz Erdkunde

	sonnig *sunny*	**die Sonne** – *the sun*

Fachwortschatz Erdkunde

	städtisch *urban*	**die Stadt** die Städte *the city*

Fachwortschatz Erdkunde

sterben *to die*	abgestorben *gone dead*	

Fachwortschatz Erdkunde

		der Strahl die Strahlen *the beam*

Fachwortschatz Erdkunde

	südlich *south*	**der Süden** – *the south*

Fachwortschatz Erdkunde

		das Teil die Teile *the part*

Fachwortschatz Erdkunde

	tief *deep/low*	**die Tiefe** – *the depth*

Fachwortschatz

Fachwortschatz Erdkunde		
transportieren tranportiere! *to transport*		**der Transport** die Transporte *the transport*

Fachwortschatz Erdkunde		
		das Trinkwasser – *the drinking water*

Fachwortschatz Erdkunde		
	unterschiedlich *different*	**der Unterschied** die Unterschiede *the difference*

Fachwortschatz Erdkunde		
	vulkanisch *volcanic*	**der Vulkan** die Vulkane *the volcano*

Fachwortschatz Erdkunde		
		das Wasser *the water*

Fachwortschatz Erdkunde		
	westlich *west*	**der Westen** – *the west*

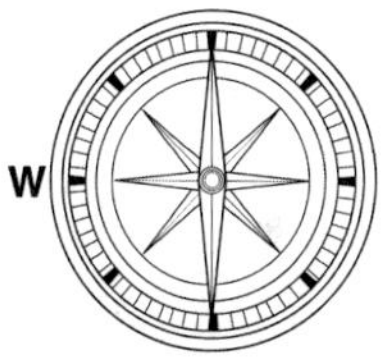

W

Fachwortschatz Erdkunde		
		das Wetter – *the weather*

Fachwortschatz Erdkunde		
	windig *windy*	**der Wind** die Winde *the wind*

Fachwortschatz Erdkunde		
wohnen wohne! *to live*		**die Wohnung** die Wohnungen *the flat*

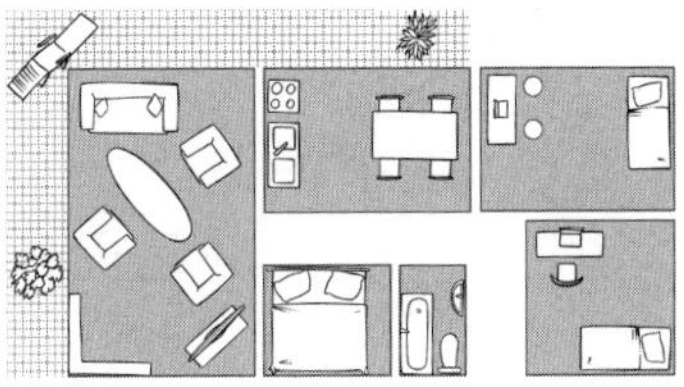

Fachwortschatz Erdkunde		
	wolkig *cloudy*	**die Wolke** die Wolken *the cloud*

Der Aufbau der Erde

Der Aufbau der Erde		
aufbauen bau auf! *to assemble*		der Aufbau – *the architecture*

Der Aufbau der Erde		
	außen *outside*	das Äußere – *the exterior*

Der Aufbau der Erde		
	dick *thick*	die Dicke – *the thickness*

Der Aufbau der Erde		
	dünn *thin*	die Dünne – *the fineness*

Der Aufbau der Erde		
	innen *inside*	das Innere – *the interior*

Der Aufbau der Erde		
		der Kern die Kerne *the core*

Der Aufbau der Erde		
		die Oberfläche die Oberflächen *the surface*

Der Aufbau der Erde		
		die Schale die Schalen *the shell*

Der Aufbau der Erde		
unterteilen unterteile! *to divide*		die Unterteilung die Unterteilungen *the division*

Der Aufbau der Erde		
		das Verhältnis die Verhältnisse *the proportion*

2:3 oder 4:7

Die Erde ist in vielen Schichten aufgebaut (→ aufbauen). Die erste Schicht an der Oberfläche ist die **Erdkruste**. Sie ist sehr dünn, nur bis zu 50 km dick.

Die zweite Schicht ist der **obere Erdmantel** (50 bis 700 km Tiefe).

Die dritte Schicht heißt **unterer Erdmantel** (700 bis 2900 km Tiefe).

In 2900 bis 5200 km Tiefe liegt der **äußere** (→ außen) **Erdkern**. Im Inneren der Erde ist bis in 6370 km Tiefe der **innere Erdkern**.

1. Beschrifte das Bild.

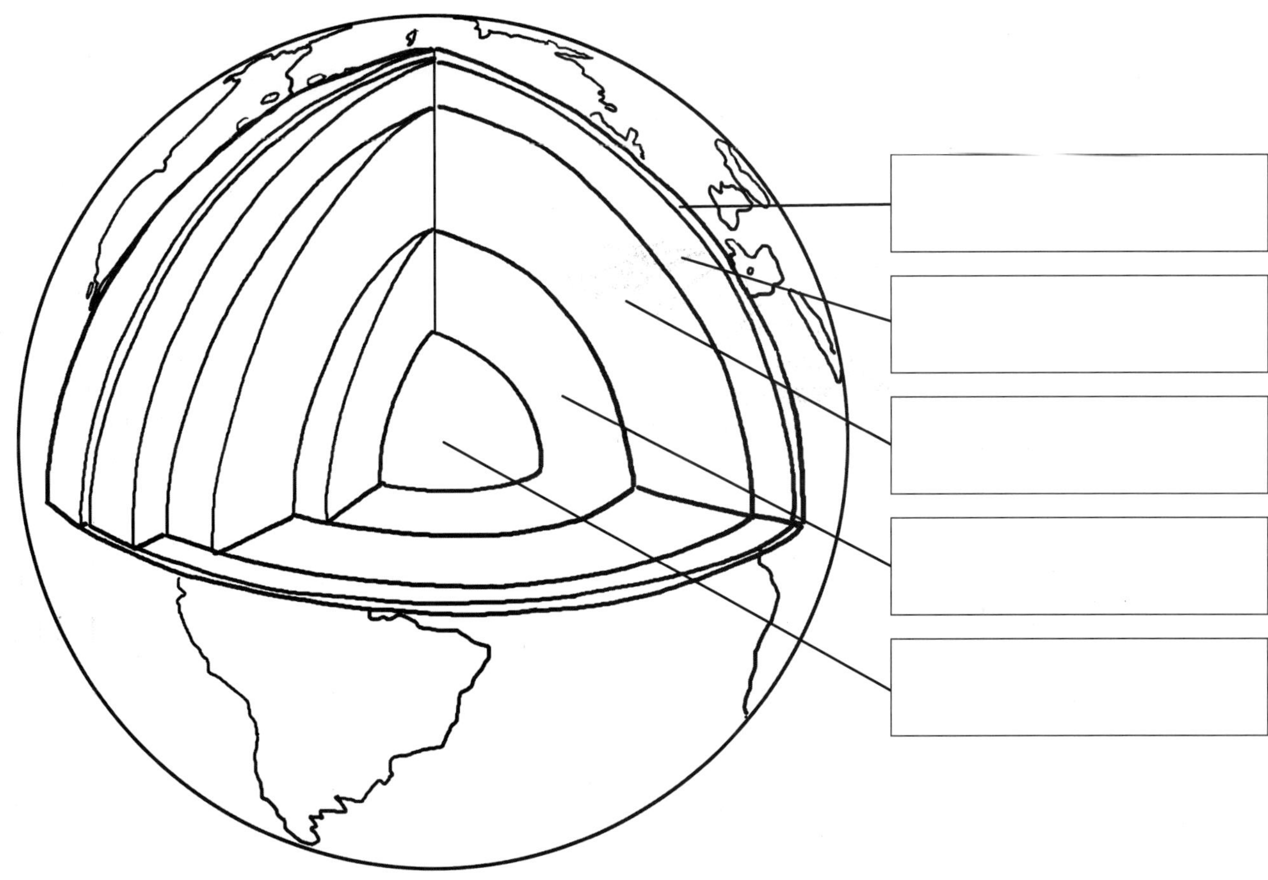

2. Male die Schichten im Bild an (→ anmalen).

- innerer (→ innen) Kern: rot
- äußerer (→ außen) Kern: orange
- unterer Erdmantel: blau
- oberer Erdmantel: grün
- Erdkruste: braun

Der Aufbau der Erde

Die Erde ist in vielen Schichten aufgebaut (→ aufbauen).

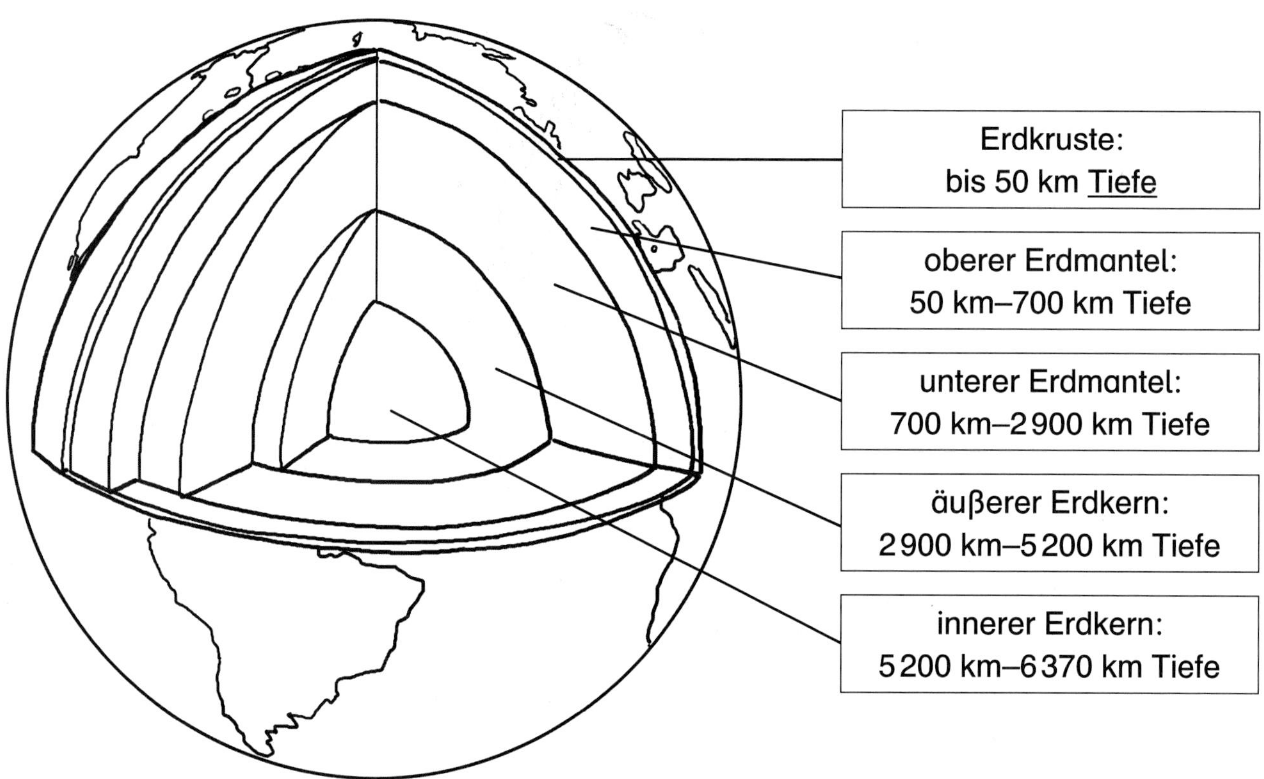

1. Ordne die Sätze mithilfe des Bildes richtig zu (→ zuordnen). Schreibe die Sätze in dein Heft.

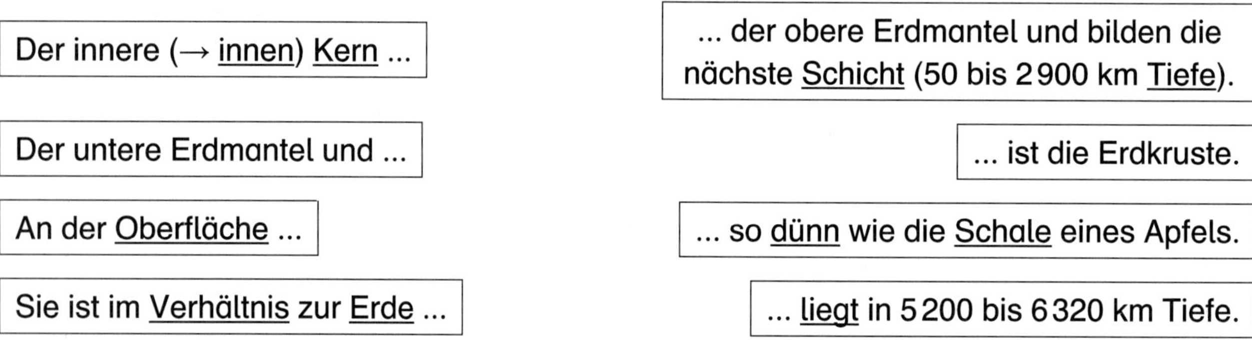

2. Die **Erdkruste** unterteilt sich in die dünnere (→ dünn) **ozeanische Kruste** und die dickere (→ dick) **kontinentale Kruste**.

Schreibe die richtigen Wörter in die Kästchen:
ozeanische Kruste, kontinentale Kruste, oberer Erdmantel

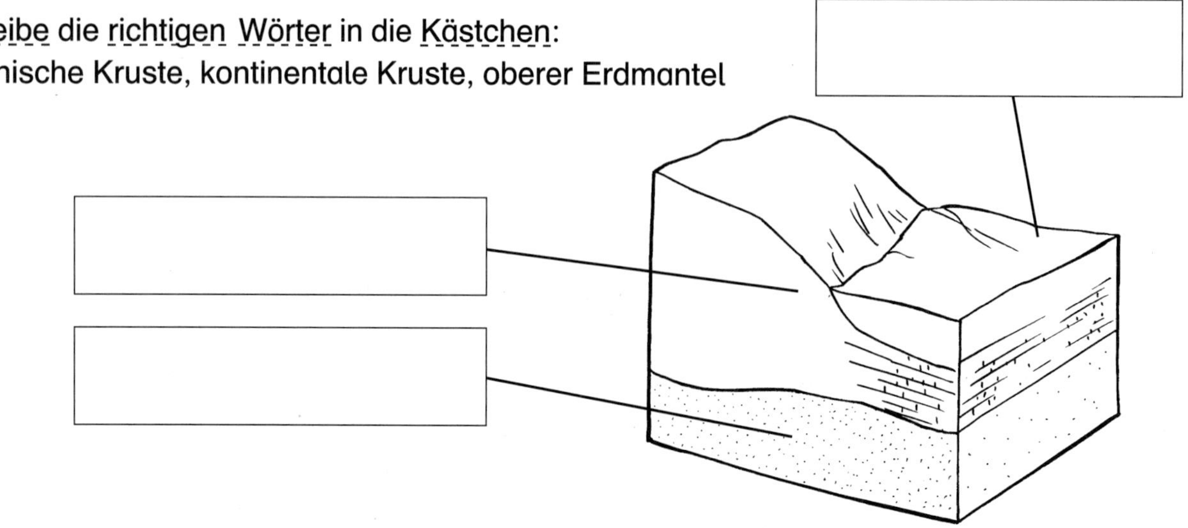

Der Aufbau der Erde

1. + 2.

braun
grün
blau
orange
rot

Erdkruste:
bis 50 km Tiefe

oberer Erdmantel:
50 km–700 km Tiefe

unterer Erdmantel:
700 km–2900 km Tiefe

äußerer Erdkern:
2900 km–5200 km Tiefe

innerer Erdkern:
5200 km–6370 km Tiefe

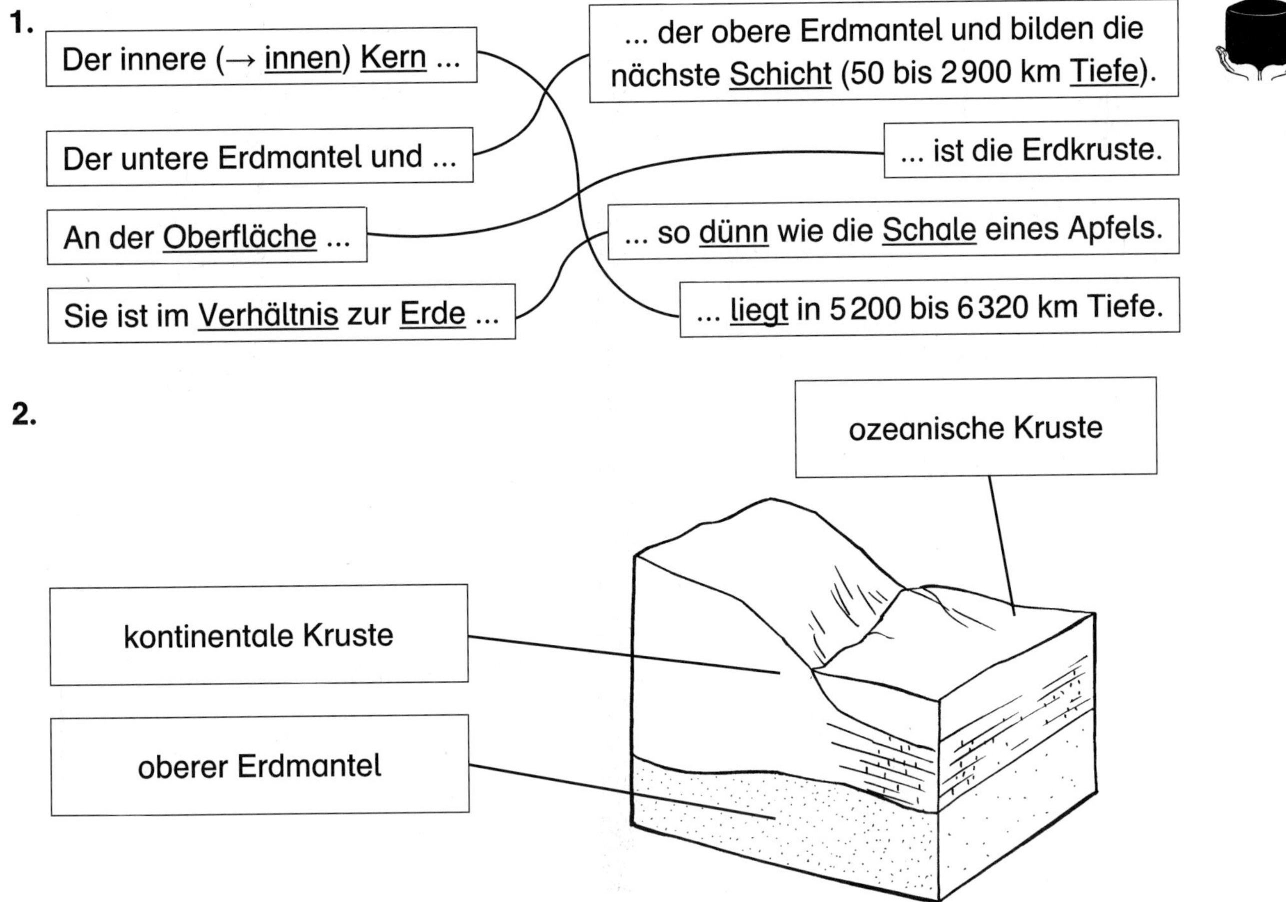

Vom Urkontinent zur heutigen Erde

Vom Urkontinent zur heutigen Erde		
abdrucken druck ab! to print		**der Abdruck** die Abdrücke *the imprint*

Vom Urkontinent zur heutigen Erde		
	aufeinander *towards*	

Vom Urkontinent zur heutigen Erde		
	auseinander *apart*	

Vom Urkontinent zur heutigen Erde		
entdecken entdecke! *to discover*		die Entdeckung die Entdeckungen *the discovery*

Vom Urkontinent zur heutigen Erde		
	fossil *fossil*	**das Fossil** die Fossilien *the fossil*

Vom Urkontinent zur heutigen Erde		
		der Gletscher die Gletscher *the glacier*

Vom Urkontinent zur heutigen Erde		
puzzeln puzzele! *to puzzle*		**das Puzzle** die Puzzle *the puzzle*

Vom Urkontinent zur heutigen Erde		
übereinstimmen – *to match*		**die Übereinstimmung** die Übereinstimmungen *the match*

3 + 5 = 2 + 6

Vom Urkontinent zur heutigen Erde		
	zusammen *together*	

Vom Urkontinent zur heutigen Erde

Unsere Erde ist immer in Bewegung. Die Kontinente bewegen sich auseinander oder aufeinander zu.

Vor ca. 250 Millionen Jahren waren alle Kontinente im **Urkontinent Pangäa** zusammen.

Alfred Wegener entdeckte 1921, dass Südamerika und Afrika zusammen waren. Er sah (→ sehen) viele Übereinstimmungen auf den Kontinenten. So hat Wegener den Urkontinent erklärt.

1. Schneide die Kontinent-Teile aus (→ ausschneiden). Lege die Puzzleteile zu Pangäa zusammen.

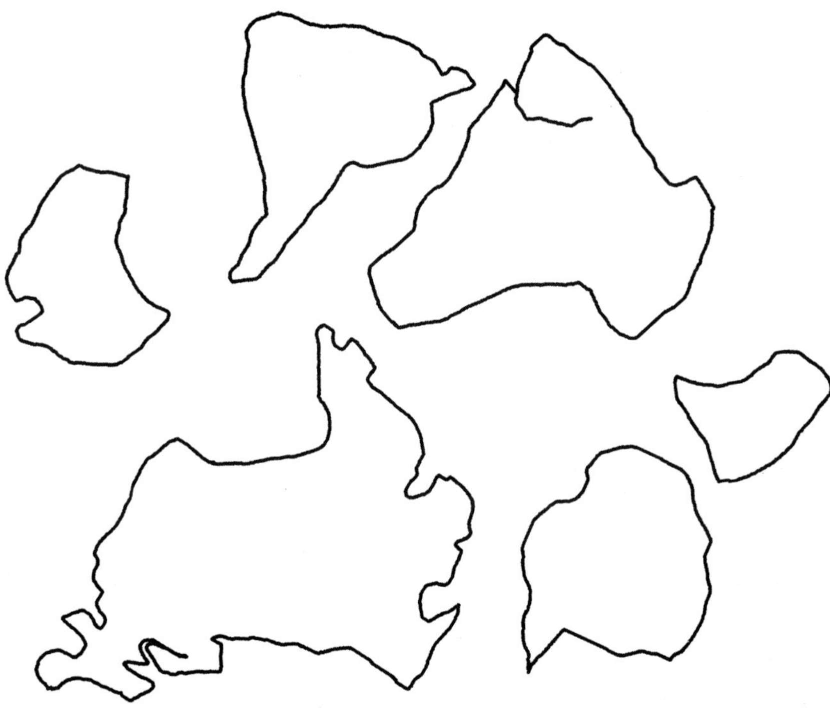

2. Ordne die Bilder nach ihrem Alter. Schreibe die richtigen Buchstaben in die Kästchen.

a) vor 225 Mio. Jahren

b) vor 200 Mio. Jahren

c) vor 136 Mio. Jahren

d) vor 65 Mio. Jahren

e) heute

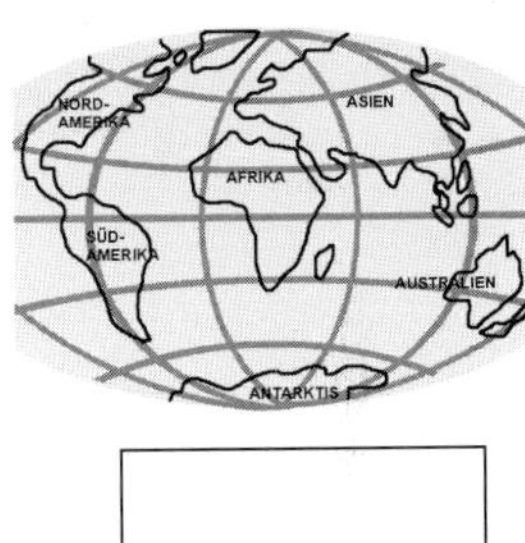

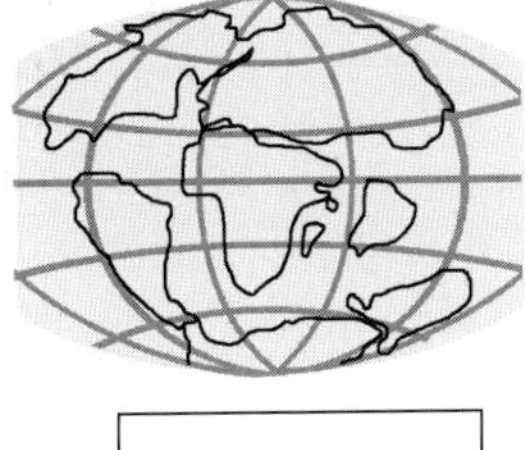

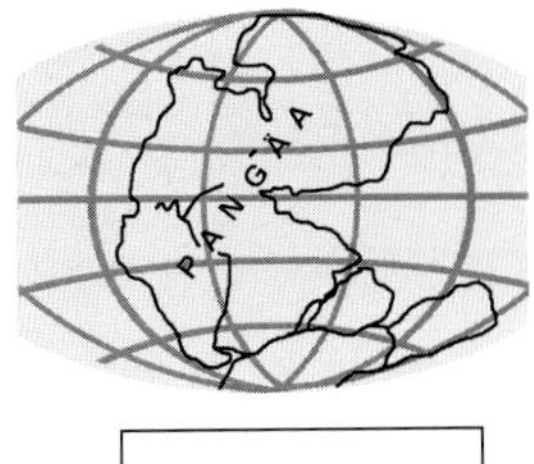

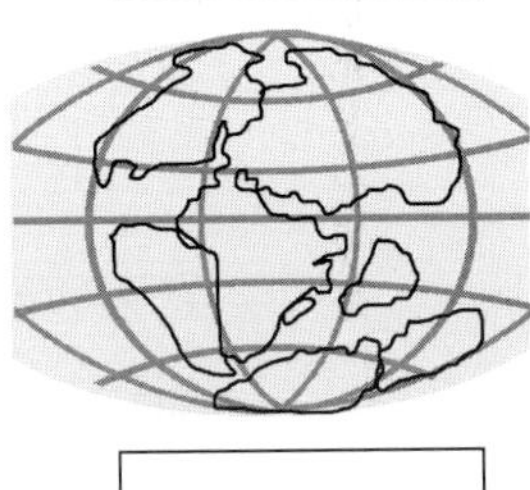

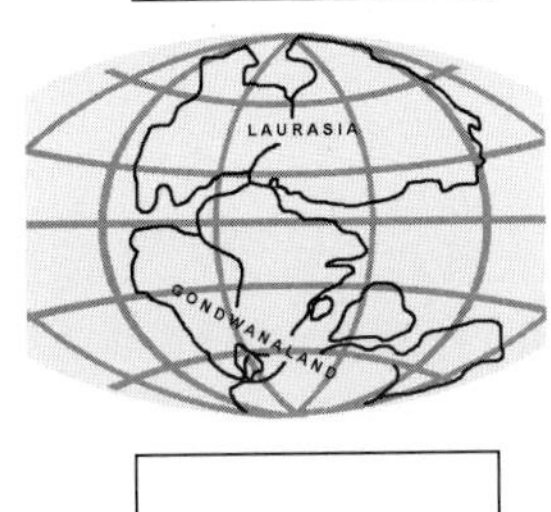

Arbeitsblatt

Vom Urkontinent zur heutigen Erde

Unsere Erde ist immer in Bewegung. Die Kontinente bewegen sich auseinander oder aufeinander zu.

Vor ca. 250 Millionen Jahren waren alle Kontinente im **Urkontinent Pangäa** zusammen.

1. Erkläre, welche Übereinstimmungen Alfred Wegener 1921 entdeckt hat. Die Wörter (→ Wort) unten helfen dir. Schreibe die Sätze in dein Heft.

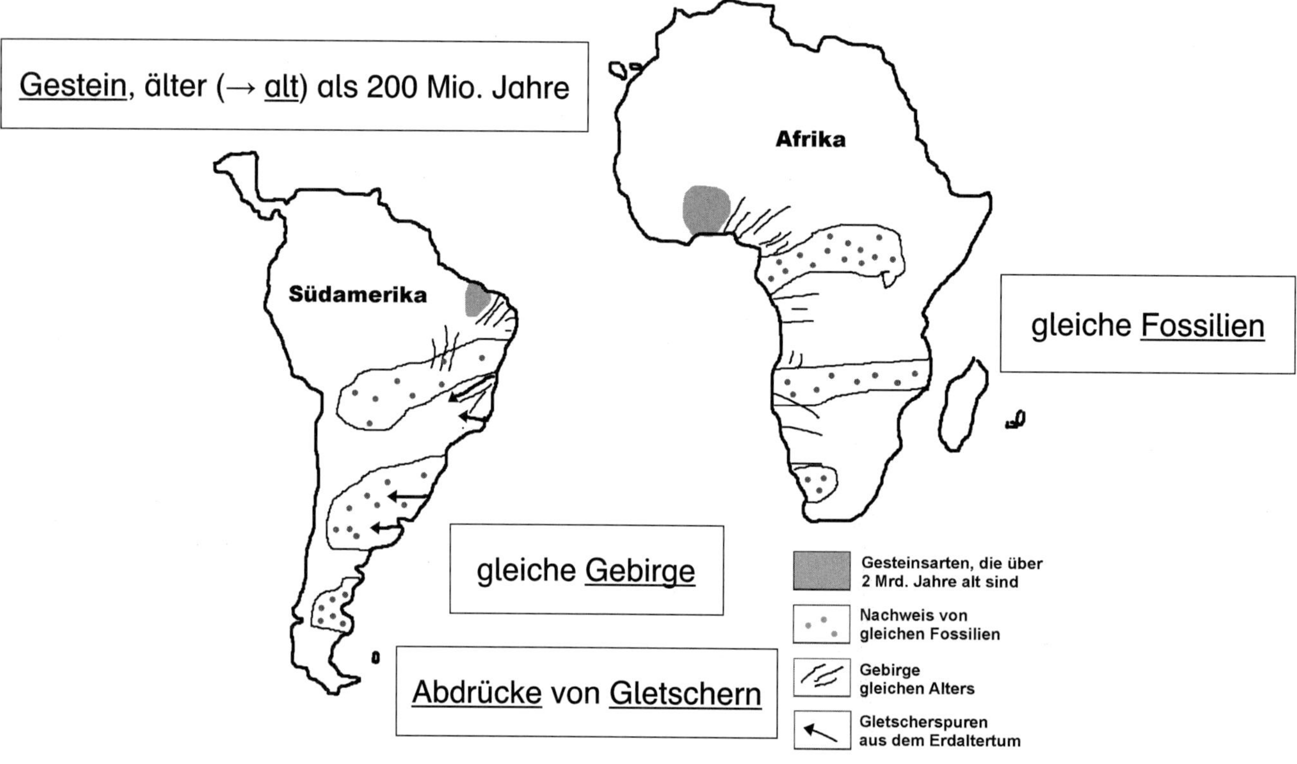

a) Alfred Wegener – entdecken – 1921 – Afrika und Südamerika – vielen Millionen Jahren – zusammen.

b) Er – überprüfen – Gebirge – Afrika und Südamerika. Sie – sein – aus denselben Gesteinen.

c) Außerdem – er – sehen – Übereinstimmungen – Abdrücke (→ Abdruck) von Gletschern – beide Kontinente.

d) Er – entdecken – gleiche Fossilien – Südamerika und Afrika.

2. Schneide die Bilder aus (→ ausschneiden) und ordne sie nach der Zeit: vor 225 Mio. Jahren, vor 200 Mio. Jahren, vor 136 Mio. Jahren, vor 65 Mio. Jahren, heute.

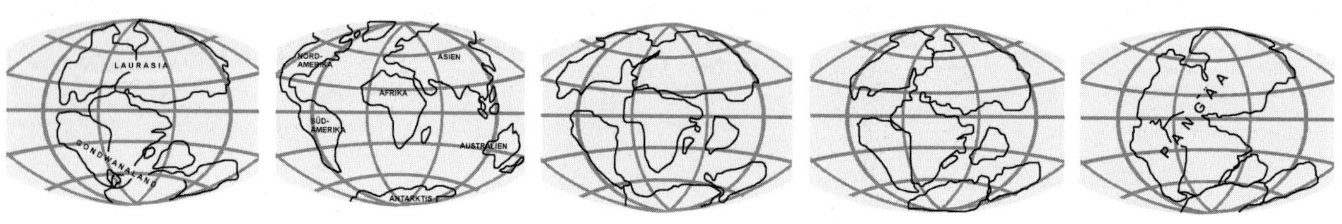

Vom Urkontinent zur heutigen Erde

1.

2.

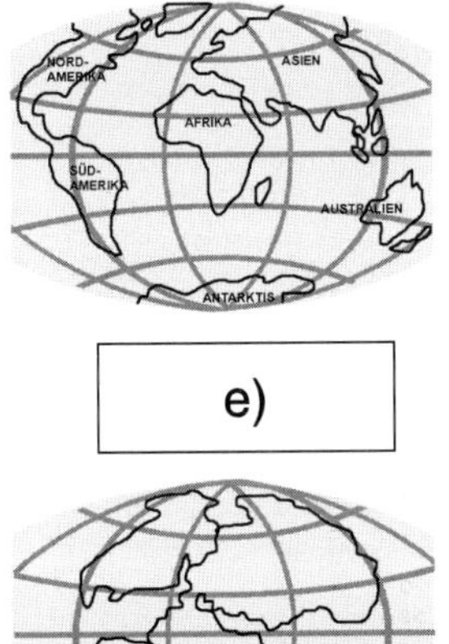

e)

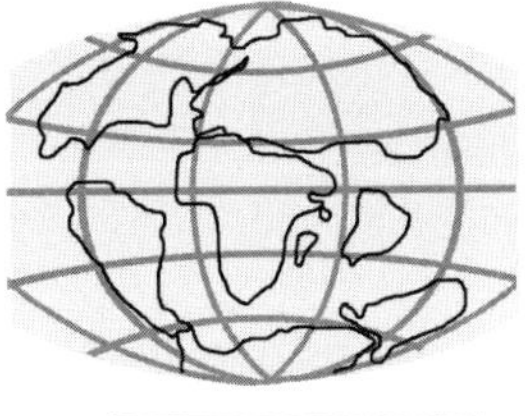

d)

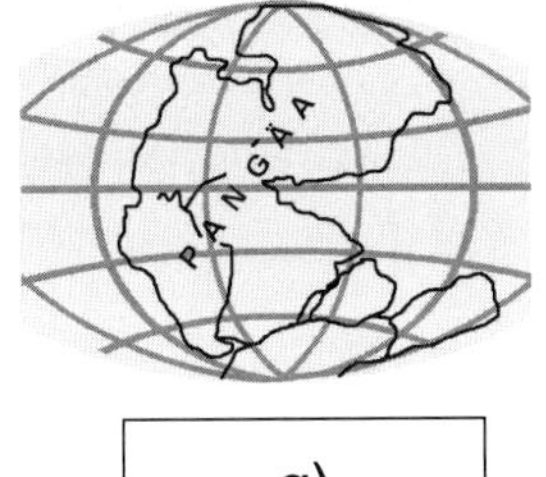

a)

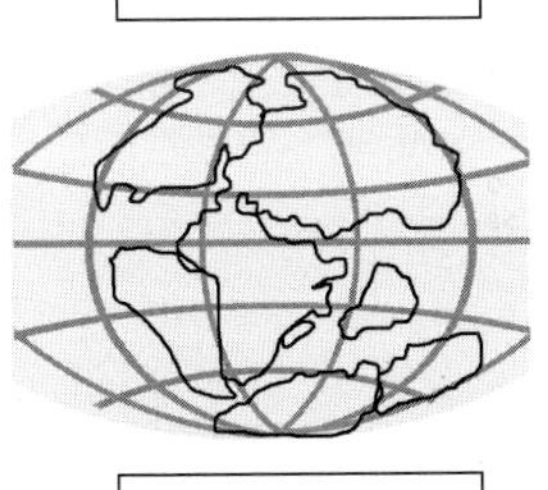

c)

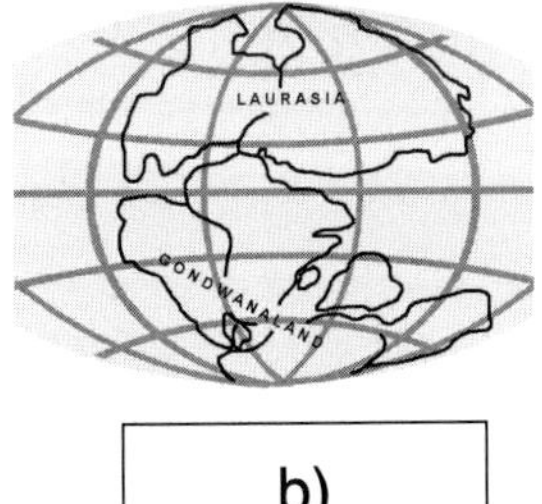

b)

a) vor 225 Mio. Jahren
b) vor 200 Mio. Jahren
c) vor 136 Mio. Jahren
d) vor 65 Mio. Jahren
e) heute

1. Beispiel:
   a) Alfred Wegener entdeckte 1921, dass Afrika und Südamerika vor vielen Millionen Jahren zusammen waren.
   b) Er überprüfte (→ überprüfen) die Gebirge in Afrika und Südamerika. Sie waren aus denselben Gesteinen.
   c) Außerdem sah (→ sehen) er Übereinstimmungen bei Abdrücken (→ Abdruck) von Gletschern auf beiden Kontinenten.
   d) In Südamerika und Afrika entdeckte er gleiche Fossilien.

2.

vor 225 Mio. Jahren

vor 200 Mio. Jahren

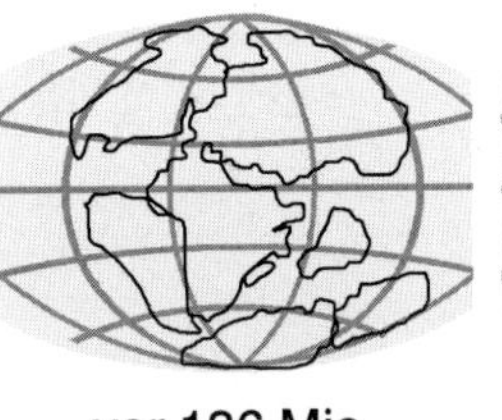

vor 136 Mio. Jahren

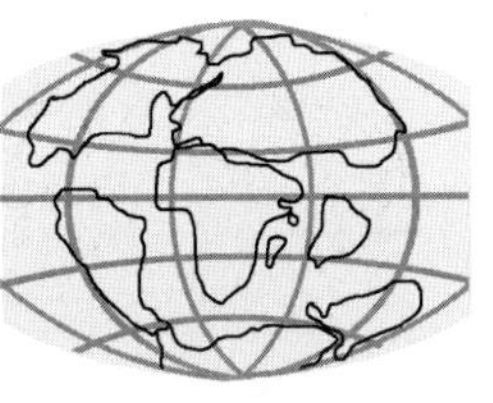

vor 65 Mio. Jahren

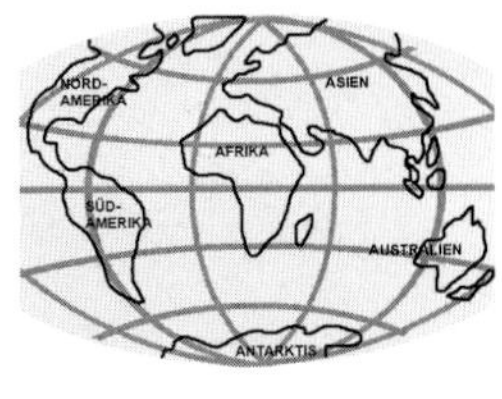

heute

Vulkantypen

Vulkantypen

abwechseln wechsele ab! *to take turns*	**abwechselnd** *in turns*	die Abwechslung die Abwechslungen *the alternation*

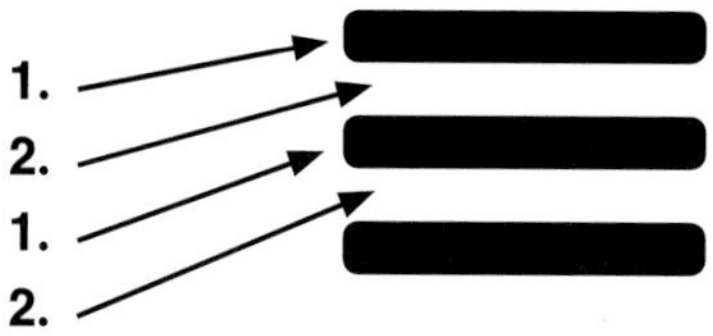

1.
2.
1.
2.

Vulkantypen

		die Asche die Aschen *the ash*

Vulkantypen

aufeinanderschichten schichte aufeinander! *to stack up*		

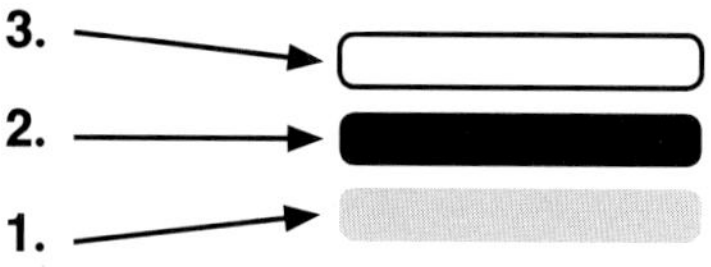

3.
2.
1.

Vulkantypen

aufsteigen steige auf! *to rise*	aufsteigend *rising*	**der Aufstieg** die Aufstieg *the rise*

Vulkantypen

auswerfen wirf aus! *to eject*		**der Auswurf** die Auswürfe *the discharge*

Vulkantypen

	innen *inside*	das Innere – *the interior*

Vulkantypen

	langsam *slow*	

Vulkantypen

		die Oberfläche die Oberflächen *the surface*

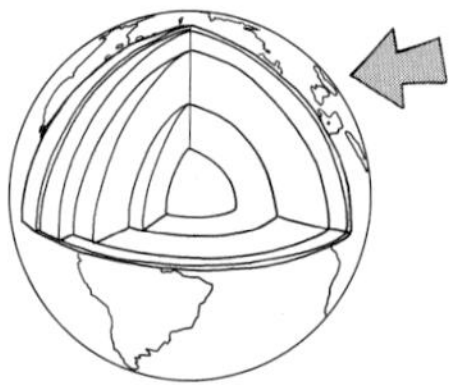

Vulkantypen

	schnell *fast*	die Schnelle die Schnellen *the speed*

Vulkantypen

		der Vulkanausbruch die Vulkanausbrüche *the volcanic eruption*

Vulkantypen

Bei einem Vulkanausbruch steigt aus der **Magmakammer** durch hohen (→ hoch) Druck **Magma** auf (→ aufsteigen). Magma nennt man das flüssige Gestein im Inneren der Erde. Die Magmakammer ist in der **Erdkruste**.

Das Magma kommt durch den **Schlot** des Vulkans an die Oberfläche der Erde. Das Magma heißt dann **Lava**. Über dem Vulkan ist eine Wolke aus Asche.

1. Schreibe die Wörter in die richtigen Kästchen: Krater, Asche, Lava, Schlot, Magmakammer.

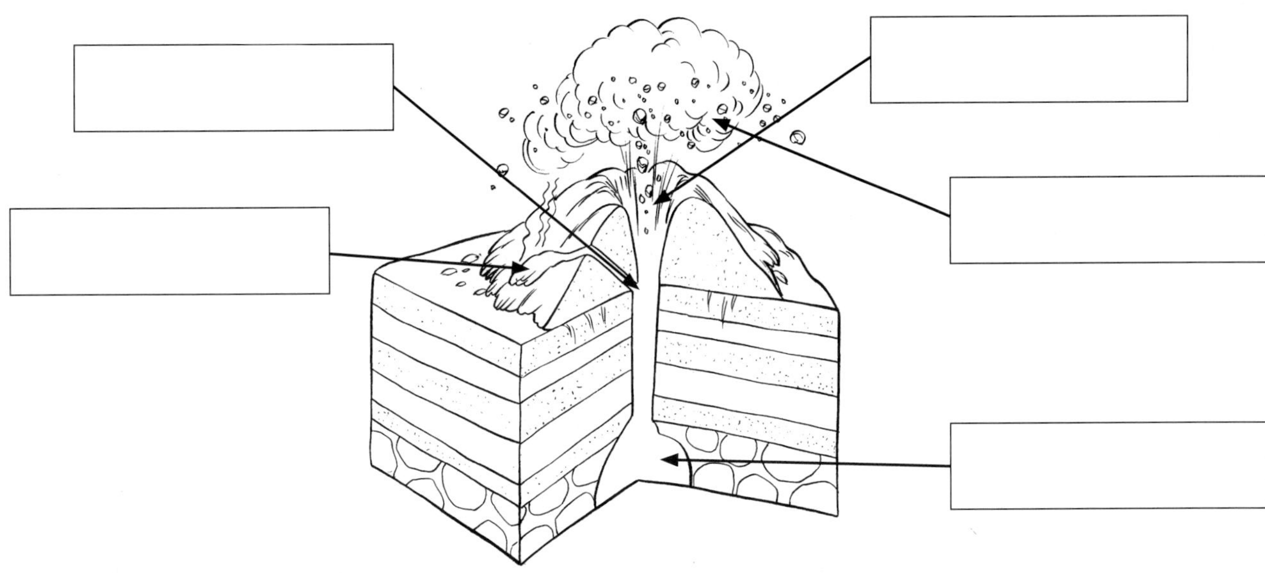

2. Beantworte die Fragen und löse das Rätsel. Schreibe das Lösungswort auf.

1 Wie heißt das Magma an der Oberfläche?

2 Wo steigt das Magma im Vulkan auf (→ aufsteigen)?

3 Woher kommt die Lava?

4 Magma ist flüssiges …

5 Über dem Vulkan ist eine Wolke aus …

6 Die Magmakammer ist in der …

7 Wenn das Magma durch hohen Druck aufsteigt, kommt es zum …

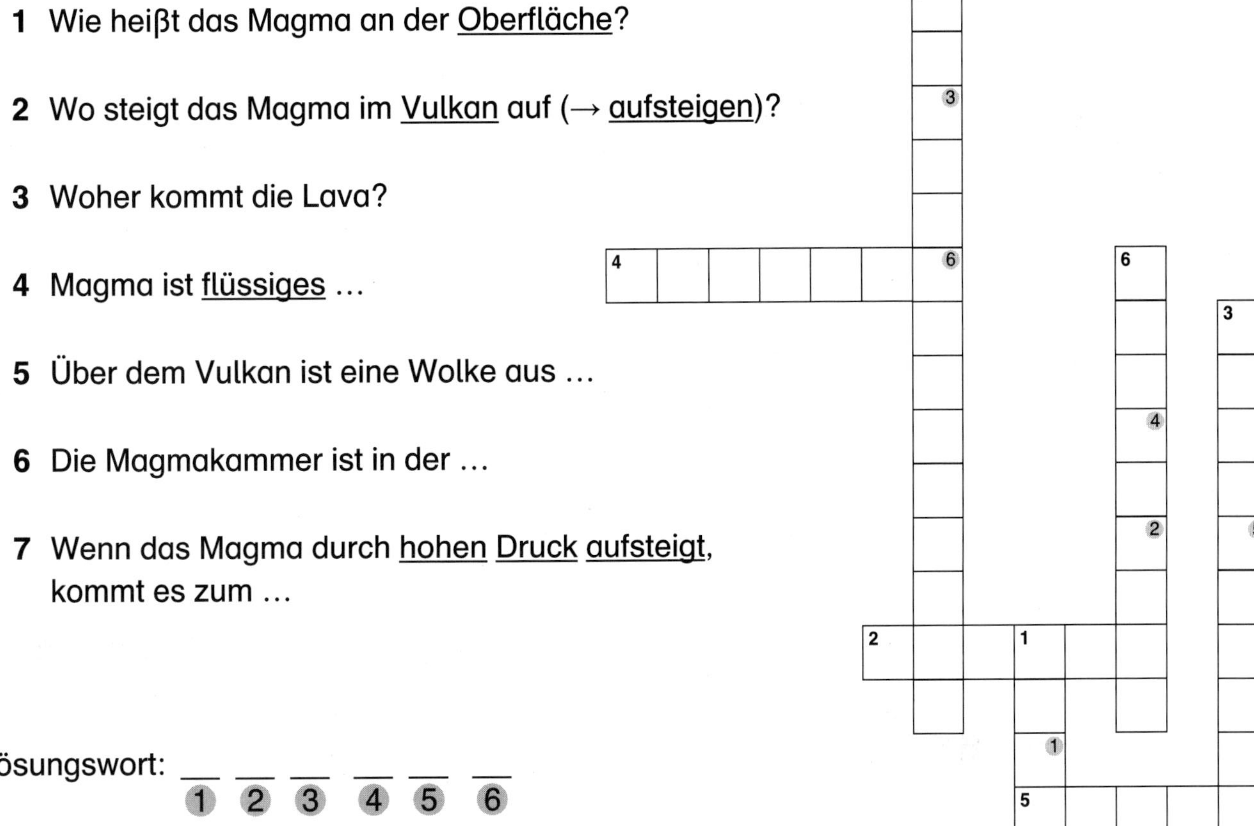

Lösungswort: __ __ __ __ __ __
1 2 3 4 5 6

Vulkantypen

Bei einem Vulkanausbruch steigt aus der **Magmakammer** durch hohen (→ hoch) Druck **Magma** auf (→ aufsteigen). Magma nennt man das flüssige Gestein im Inneren der Erde. Die **Magmakammer** ist in der Erdkruste. Bei einem Vulkanausbruch kommt das Magma durch den **Schlot** an die Oberfläche der Erde. Das Magma heißt dann Lava.

Es gibt unterschiedliche Vulkane.

Schichtvulkan: Beim Schichtvulkan kommen bei einem Vulkanausbruch abwechselnd Asche und Lava aus dem Schlot. Die Lava fließt langsam. So entsteht ein Berg, bei dem sich Lava und Asche abwechselnd aufeinanderschichten. Auf eine Schicht Asche kommt eine Schicht Lava, dann wieder Asche.

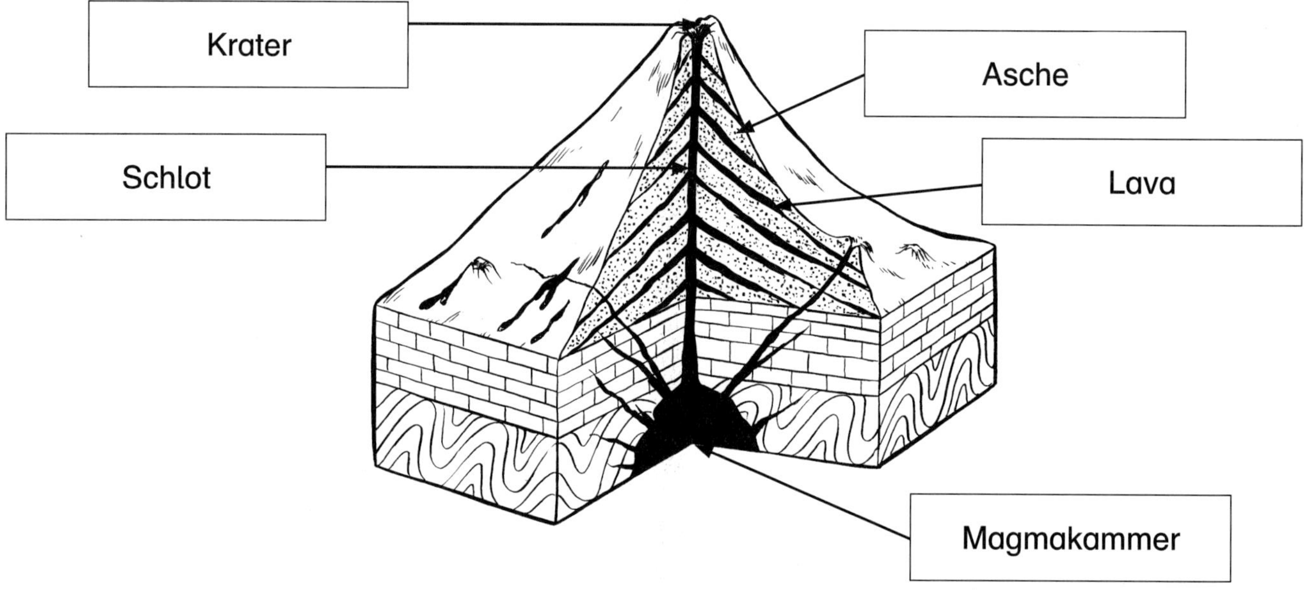

Bei einem **Schildvulkan** ist die Lava flüssiger und fließt schneller (→ schnell). Dadurch entsteht kein hoher Berg. Bei einem Vulkanausbruch wird außerdem keine Asche ausgeworfen (→ auswerfen).

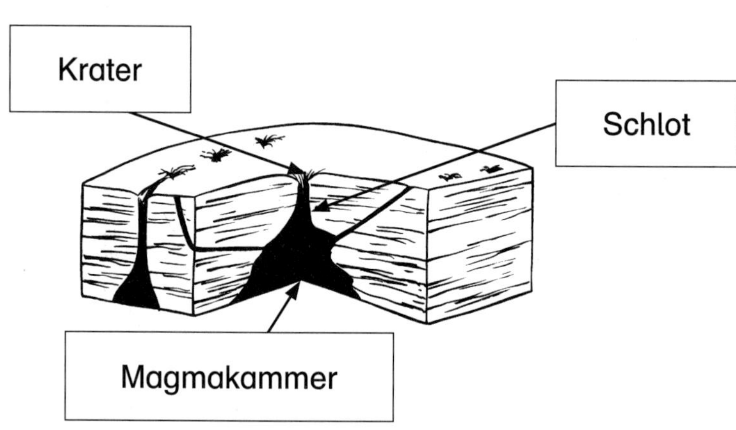

1. Kreuze an (→ ankreuzen): Schichtvulkan oder Schildvulkan?

	Schichtvulkan	**Schildvulkan**
flüssige Lava		
abwechselnd Lava/Asche		
kein Auswurf von Asche		
langsame Lava		
Schlot		

Vulkantypen

1.

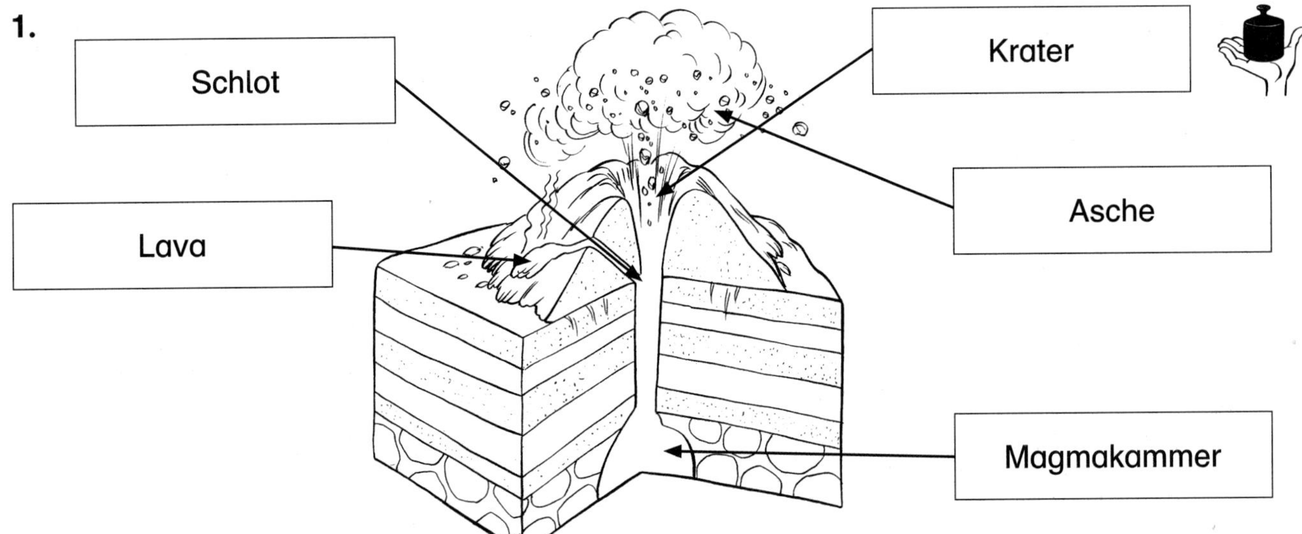

2.

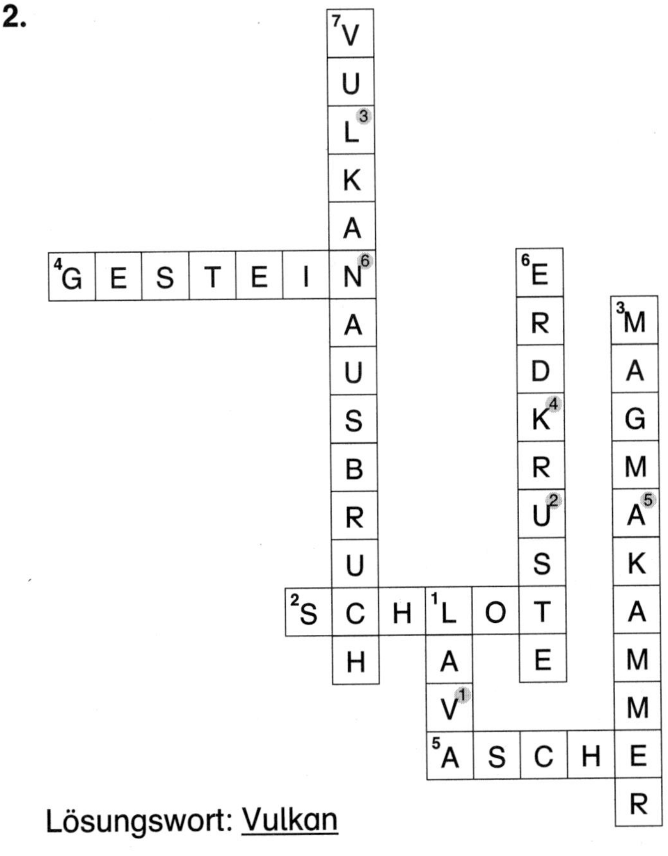

Lösungswort: Vulkan

1.

	Schichtvulkan	Schildvulkan
flüssige Lava		X
abwechselnd Lava/Asche	X	
kein Auswurf von Asche		X
langsame Lava	X	
Schlot	X	X

Vulkane – Fluch oder Segen?

Vulkane – Fluch oder Segen?

		die Bombe die Bomben *the bomb*

Vulkane – Fluch oder Segen?

		die Energiegewinnung – *energy development*

Vulkane – Fluch oder Segen?

		das Giftgas die Giftgase *the lethal gas*

Vulkane – Fluch oder Segen?

	gut *good*	**das Gute** – *the good*

~~schlecht~~

Vulkane – Fluch oder Segen?

schaden schade! *to damage*	schädlich *damaging*	**der Schaden** die Schäden *the damage*

Vulkane – Fluch oder Segen?

	schlammig *muddy*	**der Schlamm** – *the mud*

Vulkane – Fluch oder Segen?

	schlecht *bad*	**das Schlechte** – *the bad*

~~gut~~

Vulkane – Fluch oder Segen?

		der Tourismus – *the tourism*

Vulkane – Fluch oder Segen?

		der Vulkanausbruch die Vulkanausbrüche *the volcanic eruption*

Vulkane – Fluch oder Segen?

zerstören zerstöre! *to destroy*		die Zerstörung die Zerstörungen *the destruction*

Vulkane – Fluch oder Segen?

Bei einem Vulkanausbruch kann es zu großen Schäden (→ Schaden) kommen.

Vulkanische Bomben, Regen aus Asche und Giftgase sind schlecht für den Menschen. Flüsse aus Schlamm (**Lahare**) und Lava können viele Häuser (→ Haus) und ganze Städte (→ Stadt) zerstören.

1. Beschrifte das Bild:

- Regen aus Asche
- Giftgase
- vulkanische Bomben
- Fluss aus Lava
- **Lahar** (Fluss aus Schlamm)

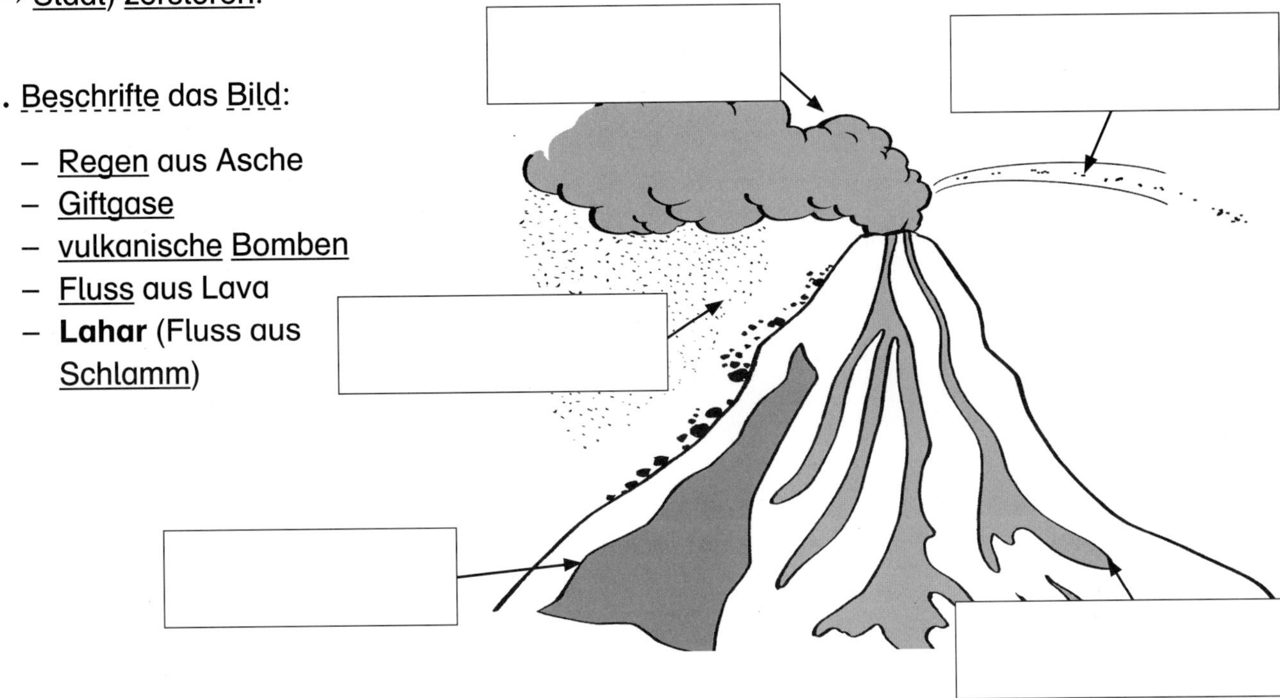

2. Es gibt auch Gutes durch Vulkane. Daher leben etwa 500 Millionen Menschen in der Nähe von Vulkanen.

Ordne die Sätze den Bildern zu (→ zuordnen).

1 

2 

3 

4 

5 

6 

◯ Das heiße Wasser kann man in Geothermalkraftwerken zur Energiegewinnung nutzen.

◯ Das Wasser wird als Mineralwasser getrunken.

◯ Der Boden ist besser (→ gut) für die Landwirtschaft.

◯ Gestein aus Vulkanen kann für Kosmetik genutzt werden.

◯ Die Steine sind gut zum Bauen von Straßen (Straßenbau).

◯ Es gibt Tourismus an Vulkanen.

Arbeitsblatt

Vulkane – Fluch oder Segen?

Bei einem Vulkanausbruch kann es zu großen Schäden (→ Schaden) kommen:

Vulkanische Bomben, Regen aus Asche, Giftgase und **Lahare** (Flüsse (→ Fluss) aus Schlamm) können viele Häuser (→ Haus) und ganze Städte (→ Stadt) zerstören.

Aber es gibt auch Gutes durch Vulkane. Daher leben etwa 500 Millionen Menschen in der Nähe von Vulkanen:

Das heiße Wasser kann der Mensch in Geothermalkraftwerken zur Energiegewinnung nutzen. Oder das Wasser wird als Mineralwasser getrunken. Der Boden ist besser (→ gut) für die Landwirtschaft. Gestein aus Vulkanen kann für Kosmetik oder zum Bauen von Straßen (Straßenbau) verwendet werden. Außerdem gibt es Tourismus an Vulkanen.

Entscheide: gut (✓) oder schlecht (–)?

Lösung

Vulkane – Fluch oder Segen?

1.

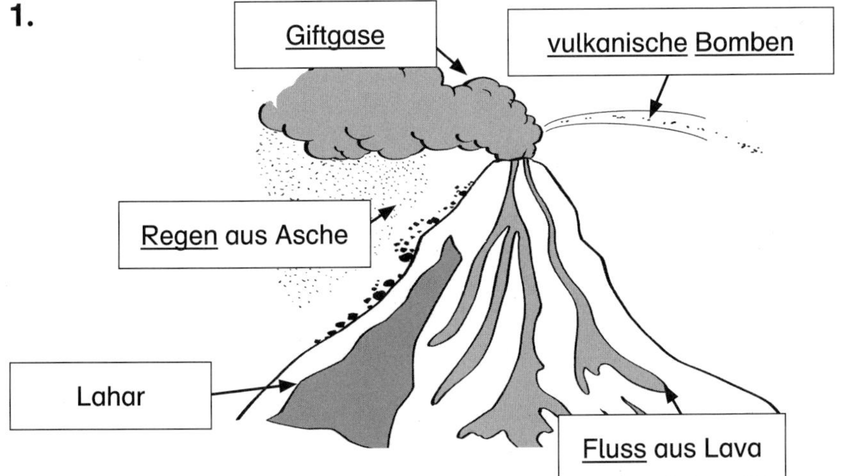

2.

(3) Das heiße Wasser kann man in Geothermalkraftwerken zur Energiegewinnung nutzen.

(4) Das Wasser wird als Mineralwasser getrunken.

(6) Der Boden ist besser (→ gut) für die Landwirtschaft.

(2) Gestein aus Vulkanen kann für Kosmetik genutzt werden.

(5) Die Steine sind gut zum Bauen von Straßen (Straßenbau).

(1) Es gibt Tourismus an Vulkanen.

✓ 

✓ 

– 

– 

– 

✓ 

✓ 

– 

✓ 

✓ 

– 

– 

Wetterelemente

Wetterelemente

beobachten		die Beobachtung
beobachten beobachte! *to observe*		**die Beobachtung** die Beobachtungen *the observation*

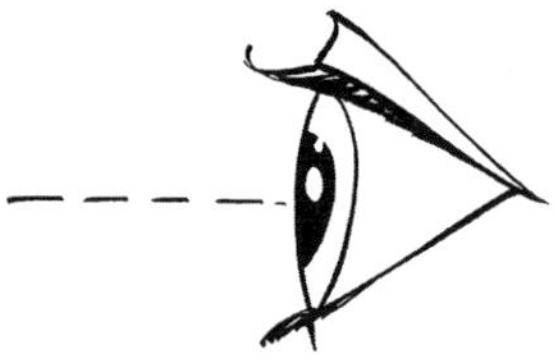

Wetterelemente

	fest	
	fest – *solid*	

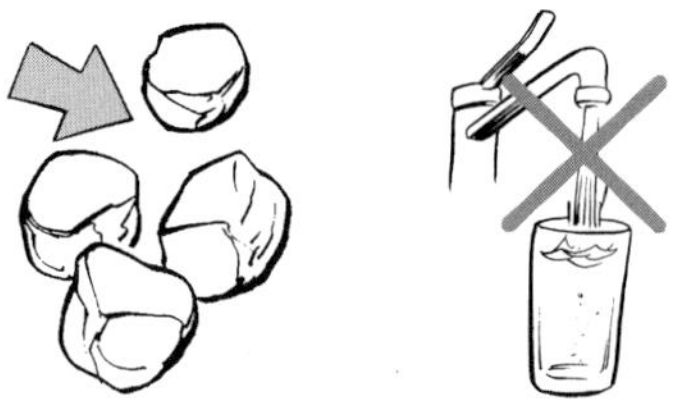

Wetterelemente

		der Himmel
		der Himmel – *the sky*

Wetterelemente

messen miss! *to measure*		die Messung die Messungen *the measurement*

Wetterelemente

		die Richtung
		die Richtung die Richtungen *the direction*

Wetterelemente

		die Stunde
		die Stunde die Stunden *the hour*

Wetterelemente

		die Temperatur
		die Temperatur die Temperaturen *the temperature*

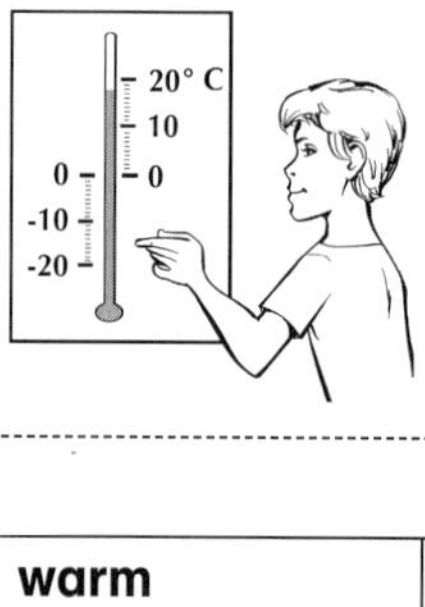

20° C
10
0
-10
-20

Wetterelemente

		das Thermometer
		das Thermometer die Thermometer *the thermometer*

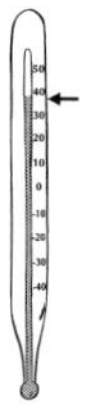

Wetterelemente

wärmen	warm	die Wärme
wärmen wärme! *to warm*	**warm** *warm*	die Wärme – *the warmth*

35°C

Wetterelemente

Wetter wird an einem bestimmten Punkt der Erde zu einer bestimmten Zeit beobachtet. Es setzt sich aus folgenden Teilen zusammen:

1. Temperatur der Luft = **Lufttemperatur** wird mit dem Thermometer in Grad Celsius (°C) gemessen (→ messen). Es wird beobachtet, wie warm oder kalt es ist.
2. Wind = die Bewegung der Luft. Die Geschwindigkeit des Windes wird in km/h (Kilometer pro Stunde) gemessen.
3. Richtung des Windes = **Windrichtung**. Dabei wird die **Himmelsrichtung** (Norden, Süden, Osten, Westen) genannt, aus der der Wind kommt.
4. Der Niederschlag kann flüssig oder fest sein. Regen ist flüssig. Fester Niederschlag ist **Schnee** oder **Hagel**. Niederschläge werden in mm/m³ gemessen.
5. Wolken = **Bewölkung**. Wenn keine Wolken da sind und die Sonne scheint, ist es sonnig. Wenn Wolken am Himmel sind, ist es **bewölkt**.

1. Schneide das Domino aus (→ ausschneiden) und ordne es.

START	−15 °C	keine Wolken	40 km/h
Niederschlag	sonnig	Wind	**ENDE**
Bewölkung	Norden	kalt	viele Wolken
warm	5 mm/m³	Windrichtung	25 °C

2. Überlege dir für „Bewölkung“ und „Niederschlag“ zwei verschiedene Symbole für eine Wetterkarte und male sie.

Bewölkung		
Niederschlag		

Wetterelemente

Wetter wird an einem bestimmten Punkt der Erde zu einer bestimmten Zeit beobachtet. Es setzt sich aus folgenden Teilen zusammen:

1. Temperatur der Luft = **Lufttemperatur** wird mit dem Thermometer in Grad Celsius (°C) gemessen (→ messen). Es wird beobachtet, wie warm oder kalt es ist.
2. Druck der Luft = **Luftdruck** wird mit einem **Barometer** in Hektopascal (hPa) gemessen. Der Luftdruck ist sehr wichtig für das Wetter. Durch den Unterschied des Drucks kommt es zu Wind.
3. Wind = die Bewegung der Luft. Die Geschwindigkeit des Windes wird in km/h (Kilometer pro Stunde) gemessen.
4. Richtung des Windes = **Windrichtung**. Dabei wird die **Himmelsrichtung** (Norden, Süden, Osten, Westen) genannt, aus der der Wind kommt.
5. Der Niederschlag kann flüssig oder fest sein. Regen ist flüssig. Fester Niederschlag ist **Schnee** oder **Hagel**. Niederschläge werden in mm/m³ gemessen.
6. Wolken = **Bewölkung**. Wenn keine Wolken da sind und die Sonne scheint, ist es sonnig. Wenn Wolken am Himmel sind, ist es **bewölkt**.

1. Es gibt verschiedene Arten, das Wetter aufzuschreiben (→ schreiben). Ordne den Bildern die Wetterelemente zu (→ zuordnen).

2. Überlege dir für „Bewölkung“, „Niederschlag“ und „Temperatur“ zwei verschiedene Symbole für eine Wetterkarte und male sie.

Bewölkung		
Niederschlag		
Temperatur		

Wetterelemente

1.

START	–15 °C	kalt	viele Wolken
Bewölkung	Norden	Windrichtung	25 °C
warm	5 mm/m³	Niederschlag	sonnig
keine Wolken	40 km/h	Wind	**ENDE**

2. Beispiele:

Bewölkung		
Niederschlag		

1.

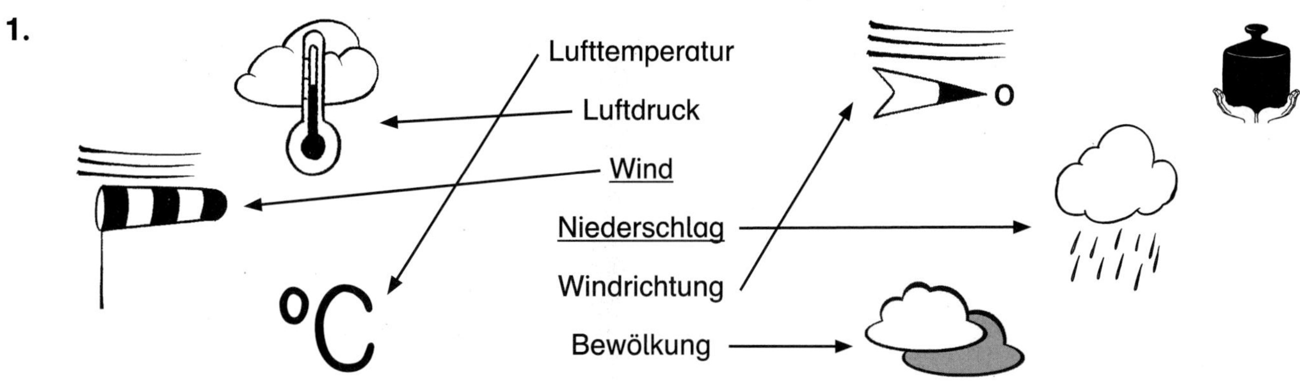

2. Beispiele:

Bewölkung		
Niederschlag		
Temperatur		–5 °C

Wetterkarte

Wetterkarte			Wetterkarte		
fernsehen sieh fern! *to watch TV*		**der Fernseher** die Fernseher *the television*	gewittern – *to thunder*		**das Gewitter** die Gewitter *the thunderstorm*

Wetterkarte			Wetterkarte		
		die Linie die Linien *the line*	wärmen wärme! *to warm*	**warm** *warm*	die Wärme – *the warmth*

35 °C

Wetterkarte

Im Fernseher kann man sehen, wie das Wetter wird. Das nennt man **Wettervorhersage**.

Auf Karten, die die **Wetterelemente** anzeigen, kann man lesen, wann es zum Beispiel regnen wird oder wie kalt oder warm es wird.

1. Beantworte die Fragen. Die Wetterelemente helfen dir.

a) Wie warm ist es in Hamburg?

____

b) Ist es in Berlin sonnig oder regnet es?

____

c) Woher kommt der Wind in Stuttgart?

____

d) In welcher Stadt sind 20 °C?

____

e) Regnet es in Hamburg?

____

f) Wo ist es am wärmsten (→ warm)?

____

g) Wo gibt es ein Gewitter?

____

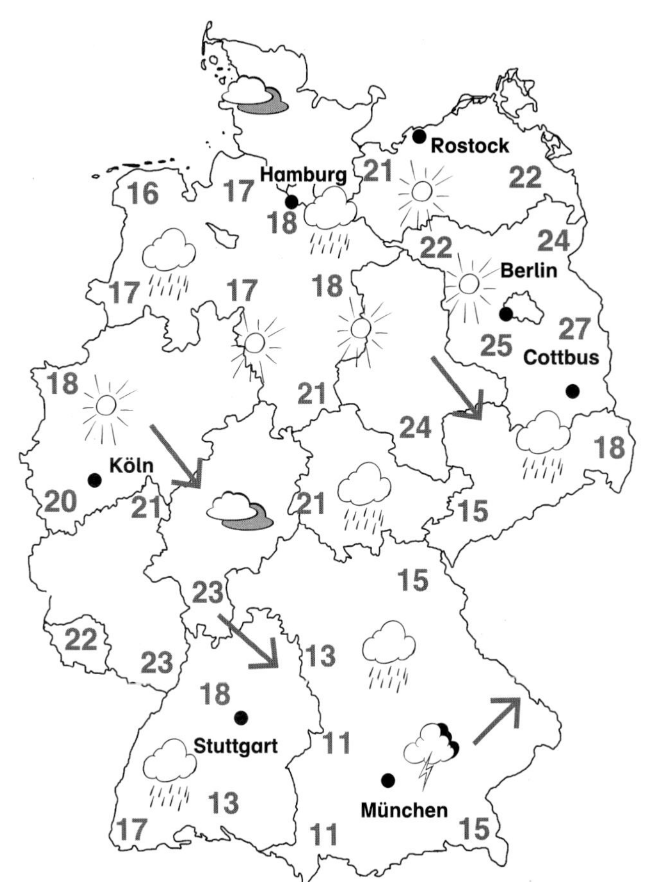

2. Die Karte zeigt den **Luftdruck** (Druck der Luft) in hPa.

Markiere die Linie mit dem höchsten (→ hoch) Druck und die Linie mit dem tiefsten (→ tief) Druck und schreibe auf.

tiefster Druck: ______________hPa

höchster Druck: ______________hPa

T bedeutet **Tiefdruckgebiet** (= tiefer Druck).

H bedeutet **Hochdruckgebiet** (= hoher Druck).

In Hochdruckgebieten ist das Wetter sonnig, in Tiefdruckgebieten regnet es oft.

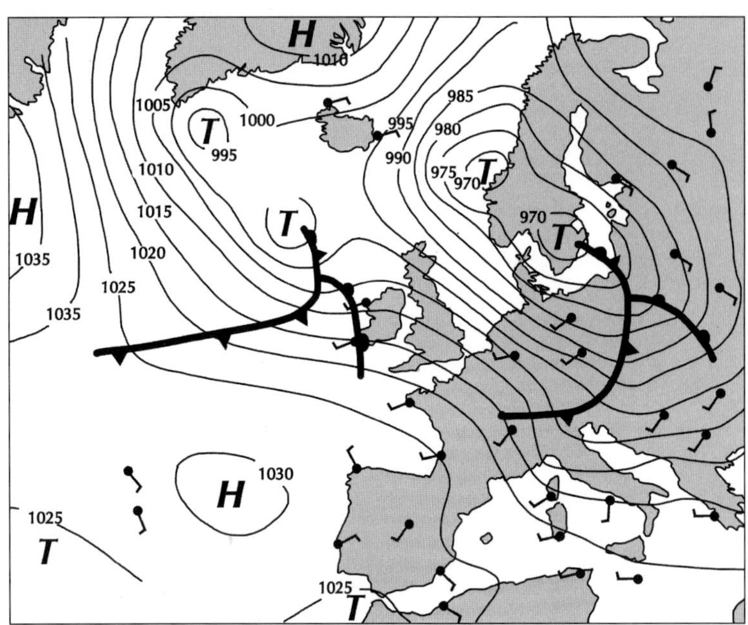

Wetterkarte

Im Fernseher kann man sehen, wie das Wetter wird. Das nennt man **Wettervorhersage**.

Auf Karten, die die **Wetterelemente** anzeigen, kann man lesen, wann es zum Beispiel regnen wird oder wie kalt oder warm es wird.

1. Lies den Text. Male die Karte mit den Wetterelemente an (→ anmalen).

25 °C und Sonne in Hamburg; 27 °C und Gewitter in Berlin; viele Wolken in Bremen und Hannover; Wind aus Süd-West in Hannover; Wind aus Nord-Westen an der Nordseeküste; 23 °C und wenige Wolken in Schwerin.

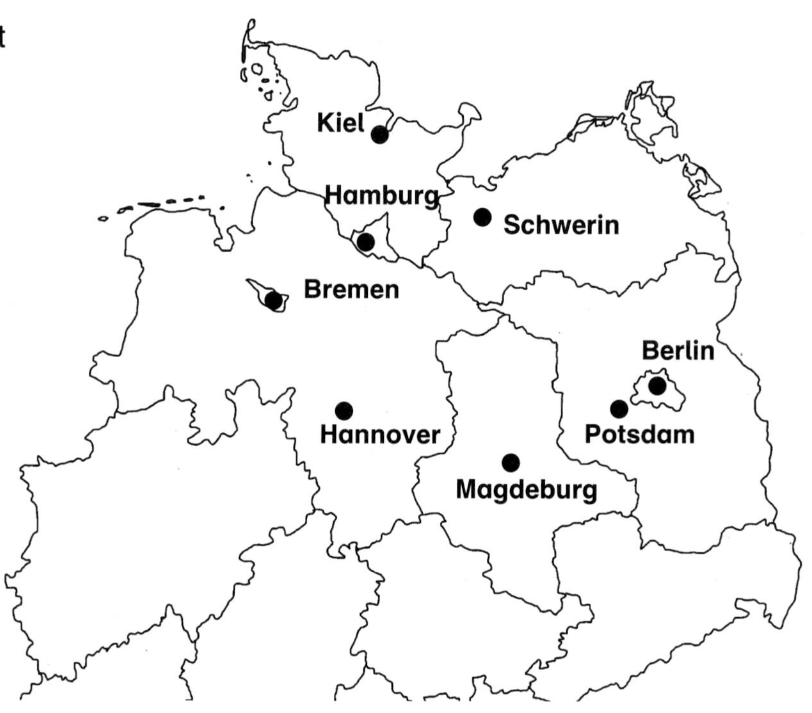

2. Dieser Karte zeigt den **Luftdruck** (Druck der Luft) in hPa.

a) Schreibe die fehlenden Zahlen für den Druck in die Kästchen.

b) Markiere die Linie mit dem höchsten (→ hoch) Druck und die Linie mit dem tiefsten (→ tief) Druck und schreibe auf.

tiefster Druck: ___________ hPa

höchster Druck: ___________ hPa

T bedeutet **Tiefdruckgebiet** (= tiefer Druck).

H bedeutet **Hochdruckgebiet** (= hoher Druck).

In Hochdruckgebieten ist das Wetter sonnig, in Tiefdruckgebieten regnet es oft.

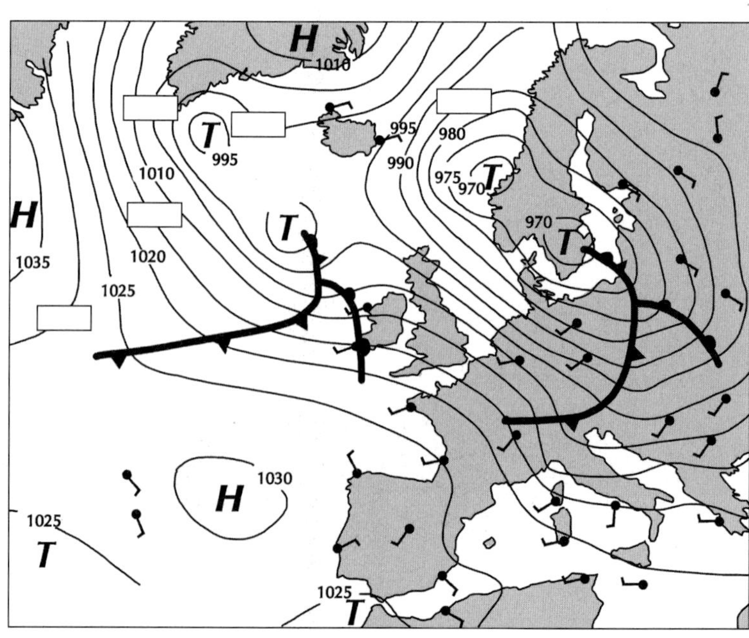

1. a) 18 °C.
b) Es ist <u>sonnig</u>. / Die <u>Sonne</u> scheint.
c) Aus <u>Nord</u>-<u>West</u> / NW.
d) In Köln.
e) Ja.
f) In Cottbus.
g) In München.

2.

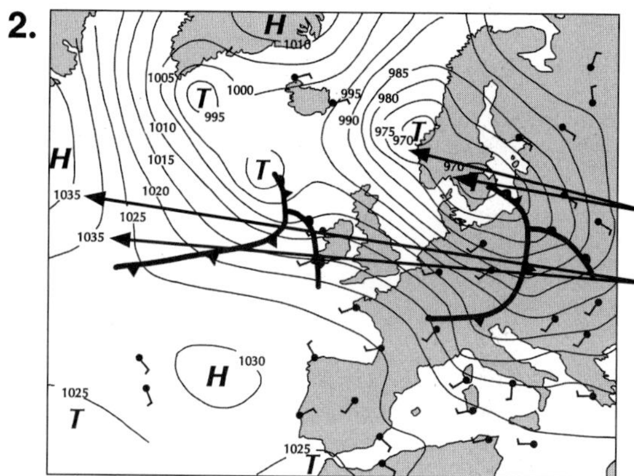

niedrigster <u>Druck</u>: 970 hPa
höchster (→ <u>hoch</u>) Druck: 1035 hPa

---

1. a) + b)

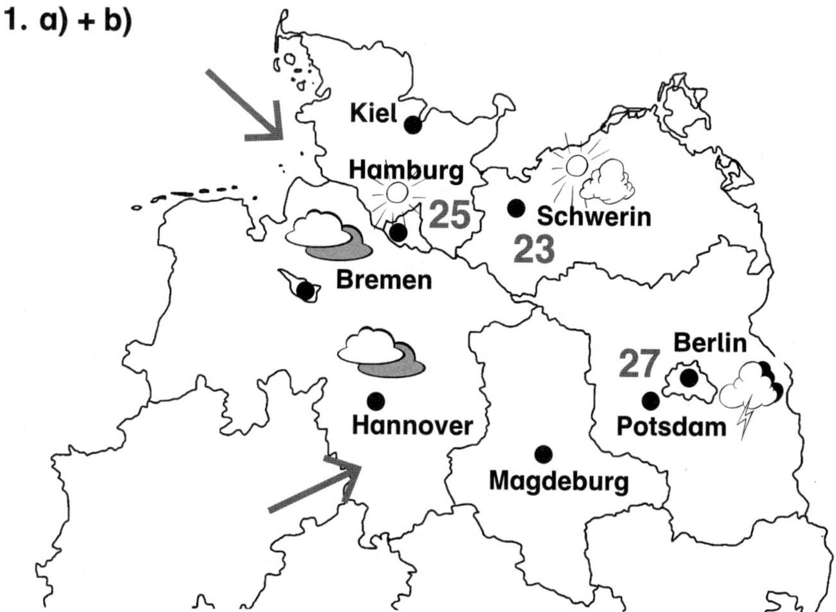

2. a) + b)

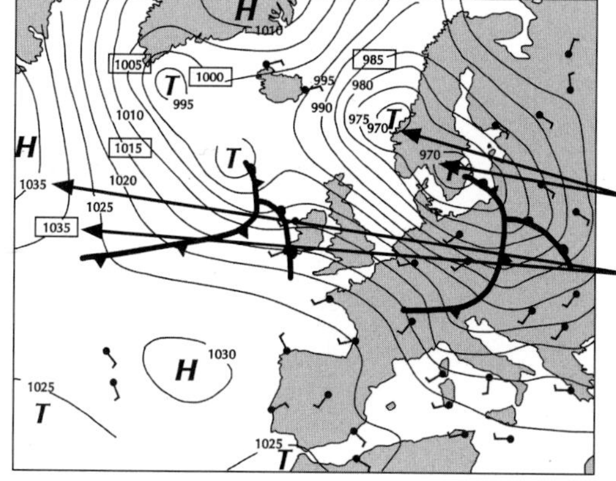

niedrigster <u>Druck</u>: 970 hPa
höchster (→ <u>hoch</u>) Druck: 1035 hPa

Die USA im Überblick

Die USA im Überblick			Die USA im Überblick		
		der Bundesstaat die Bundesstaaten *the federal state*			**die Ebene** die Ebenen *the plain*
Die USA im Überblick			Die USA im Überblick		
grenzen – *to abut*		**die Grenze** **die Grenzen** *the border*		**innen** *internal*	**das Innere** *the inside*
Die USA im Überblick			Die USA im Überblick		
		die Küste die Küsten *the coast*			**das Meer** die Meere *the ocean*
Die USA im Überblick			Die USA im Überblick		
		der See die Seen *the lake*			**das Vieh** – *the cattle*
Die USA im Überblick			Die USA im Überblick		
		der Vorrat die Vorräte *the supply*			**der Wald** die Wälder *the forest*

Die USA im Überblick

Die USA haben 50 Bundesstaaten. Der nördlichste (→ Norden) Bundesstaat ist Alaska, der südlichste (→ Süden) ist Hawaii. Alaska und Hawaii sind nicht direkt mit den anderen Bundesstaaten verbunden (→ verbinden).

1. In den USA gibt es fünf Großlandschaften. Die USA grenzen an drei Meere. Nutze einen Atlas und schreibe die richtigen Buchstaben in die Kästchen:

R: Rocky Mountains

I: Innere (→ innen) Ebenen

K: Kanadischer Schild und Großen Seen

AP: Appalachen

AK: Atlantische Küstenebene

PO: Pazifischer Ozean

AO: Atlantischer Ozean

GM: Golf von Mexiko

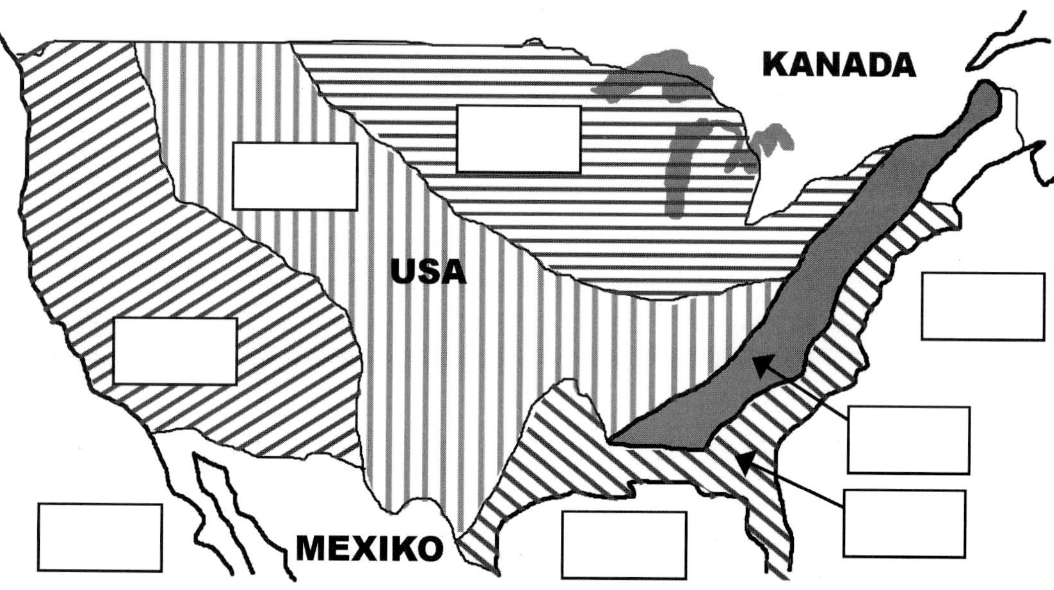

2. Suche im Atlas Hawaii und Alaska und schreibe die Seitenzahlen auf.

Hawaii: ________ Alaska: ________

3. Suche im Atlas und schreibe auf.

a) Je eine große Stadt im Osten, im Süden und im Westen der USA.
O: ____________________, S: ____________________, W: ____________________.

b) Wie heißen die großen Seen?

____________________, ____________________, ____________________,

____________________, ____________________.

c) Welche Stadt ist die größte (→ groß) der USA? ____________________

d) Wie heißt die Hauptstadt der USA? ____________________

e) Was ist die Grenze im Westen? ____________________

Die USA im Überblick

Die USA sind das dritt größte Land der Erde. Sie haben 50 Bundesstaaten. Der nördlichste (→ Norden) Bundesstaat ist Alaska, der südlichste (→ Süden) ist Hawaii. Alaska und Hawaii sind nicht direkt mit den anderen Bundesstaaten verbunden (→ verbinden).

1. In den USA gibt es fünf Großlandschaften. Nutze einen Atlas und schreibe den richtigen Buchstaben in die Kästchen:

R: Rocky Mountains: Der **Yellowstone Nationalpark** ist in den Rocky Mountains. Er ist einer der größten Nationalparks der USA und der älteste (→ alt) der Welt.

I: Innere Ebenen: die Ebenen um den Mississippi (der längste Fluss der Erde) und die **Great Plains**. Die **Great Plains** sind für die Landwirtschaft in den USA sehr wichtig. Westlich (→ Westen) des 100. Längengrades wird dort hauptsächlich Vieh gehalten. Östlich (→ Osten) des 100. Längengrades gibt es Landwirtschaft.

K: Kanadischer Schild und **Große Seen**: Die Großen Seen sind der größte Vorrat an Wasser der Erde. Zum Kanadischen Schild gehört auch Alaska.

AP: Appalachen: Sie sind ein bis zu 2000 m hohes (→ hoch) Gebirge mit viel Wald. Sie sind im Osten von Nordamerika und ca. 400 Millionen Jahre alt. Sie gehören zu den ältesten Gebirgen der Erde.

AK: Atlantische Küstenebene: an der Atlantikküste bis nach Florida und dem Golf von Mexiko. Hier sind viele große Städte (→ Stadt) und auch die berühmten **Everglades**.

PO: Pazifischer Ozean

AO: Atlantischer Ozean

GM: Golf von Mexiko

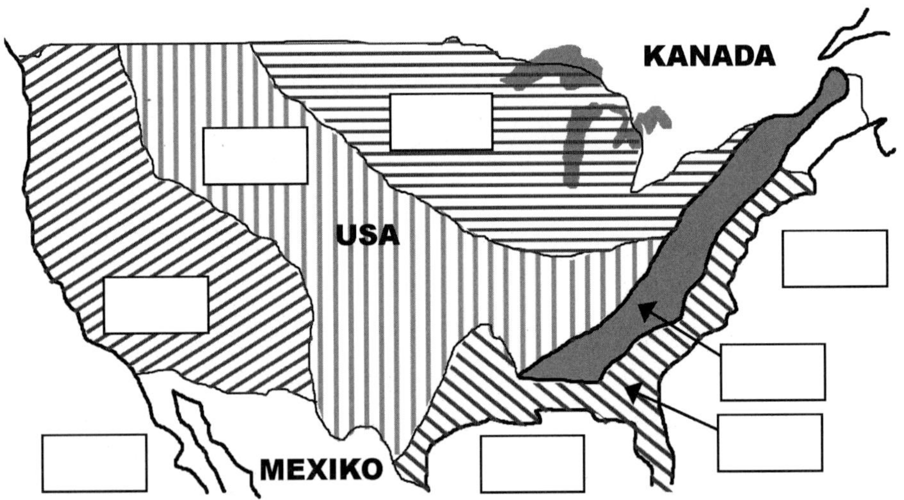

2. Suche im Atlas und schreibe auf.

a) Wie heißt die Hauptstadt der USA? ____________________

b) Welches ist die größte (→ groß) Stadt der USA? ____________________

c) Wie heißt der höchste (→ hoch) Berg der USA? ____________________

d) Welcher der Großen Seen hat keine Grenze zu Kanada? ____________________

1.

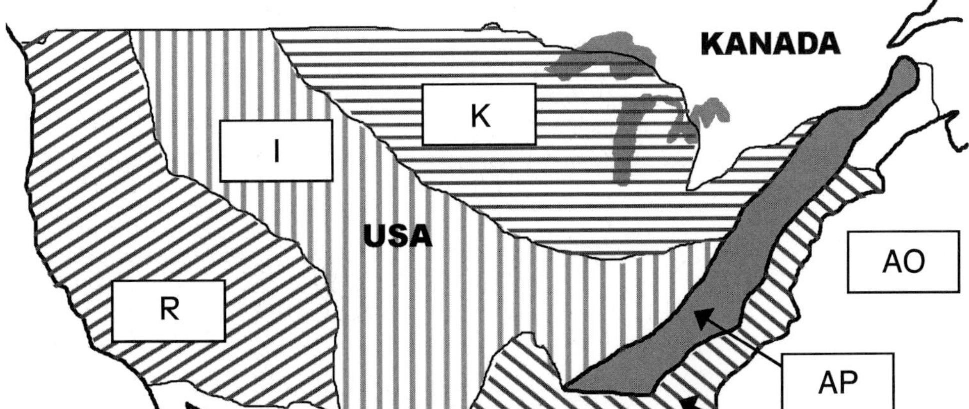

2. individuelle Lösung

3. a) Beispiele: O: New York City, Philadelphia, Boston; S: Miami, Houston, New Orleans; W: San Francisco, Los Angeles, Seattle.
   b) Lake Superior, Lake Michigan, Lake Huron, Lake Erie, Lake Ontario.
   c) New York City.
   d) Washington D.C.
   e) Der Pazifische Ozean.

1.

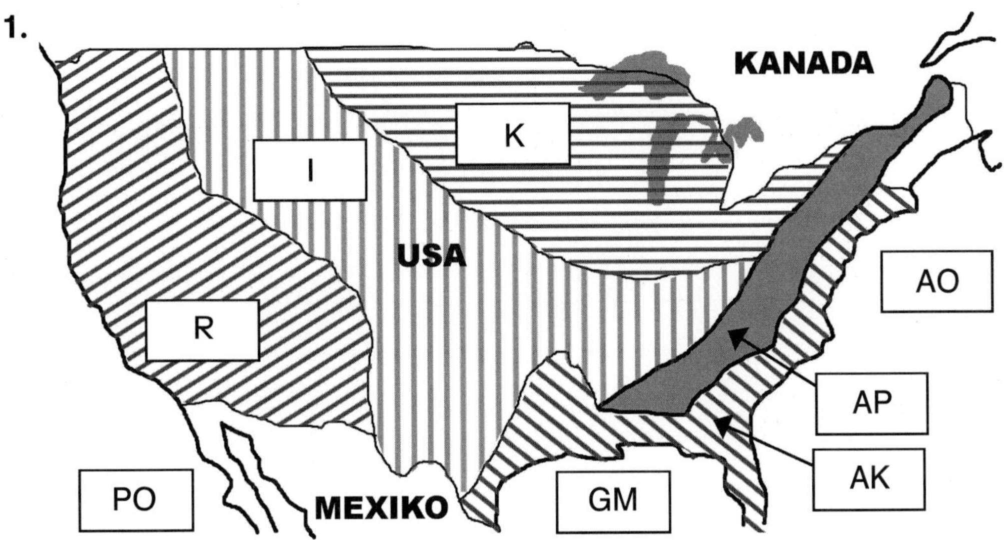

2. a) Washington D.C.
   b) New York City.
   c) Denali (hieß bis 2015 Mount McKinley) in Alaska, 6194 m.
   d) Lake Michigan.

Kalifornien: Orangen zu jedem Preis?

Kalifornien: Orangen zu jedem Preis?		
bewässern bewässere! *to water*		**das Bewässern** – *the irrigation*

Kalifornien: Orangen zu jedem Preis?		
bezahlen bezahle! *to pay*	bezahlt *paid for*	die Bezahlung die Bezahlungen *the payment*

Kalifornien: Orangen zu jedem Preis?		
bohren bohre! *to drill*		die Bohrung die Bohrungen *the drilling*

Kalifornien: Orangen zu jedem Preis?		
		der Brunnen die Brunnen *the well*

Kalifornien: Orangen zu jedem Preis?		
	jährlich *annual*	**das Jahr** die Jahre *the year*

Kalifornien: Orangen zu jedem Preis?		
		der Landwirt die Landwirte *the farmer*

Kalifornien: Orangen zu jedem Preis?		
		das Meer die Meere *the ocean*

Kalifornien: Orangen zu jedem Preis?		
sinken **sinke!** *to sink*		

Kalifornien: Orangen zu jedem Preis?		
trocknen trockne! *to dry*	**trocken** *dry*	die Trockenheit – *the drought*

Kalifornien: Orangen zu jedem Preis?		
wachsen wachse! *to grow*		**Wachstum** – *the growth*

Kalifornien: Orangen zu jedem Preis?

In Kalifornien gibt es Landwirtschaft. Hier wachsen Orangen. Aber es regnet kaum und Orangen brauchen viel Wasser zum Wachsen. Die Landwirte bohren ihre Brunnen tiefer und bewässern den Boden. Dadurch sinkt der Grundwasserspiegel. Deshalb bekommen die Menschen in Kalifornien, die ihr Wasser aus Brunnen holen, kein Wasser mehr. Sie sollen jetzt für ihr Wasser bezahlen.

Schneide die Kärtchen aus (→ ausschneiden). Sortiere die Sätze auf den Kärtchen in der richtigen Reihenfolge.

Tipp: Start → Kärtchen 2; Ende → Kärtchen 4

1	Durch das Bewässern sinkt der Grundwasserspiegel.	6	In Kalifornien regnet es allerdings sehr wenig.
2	In Kalifornien ist es das ganze Jahr so sonnig, dass Orangen wachsen können.	7	Weil der Grundwasserspiegel sinkt, werden Brunnen trocken.
3	Brunnen tiefer zu bohren ist sehr teuer, sodass die Menschen das Wasser nun bezahlen sollen.	8	Aber viele Menschen in Kalifornien bekommen ihr Wasser aus den Brunnen.
4	Viele Menschen können das nicht bezahlen und haben daher kein Wasser.	9	Damit die Orangen trotzdem wachsen können, werden sie bewässert.
5	Daher müssen die Brunnen tiefer gebohrt (→ bohren) werden.	10	Orangen brauchen zum Wachsen aber auch viel Wasser.

Kalifornien: Orangen zu jedem Preis?

Schneide die Kärtchen aus (→ ausschneiden). Sortiere die Sätze auf den Kärtchen in der richtigen Reihenfolge.

Tipp: Start → Kärtchen 2; Ende → Kärtchen 16

1	Das Wasser kommt aus Brunnen, aber durch das Bewässern sinkt der Grundwasserspiegel.	9	Damit die Orangen trotzdem wachsen können, werden sie bewässert.
2	In Kalifornien ist es das ganze Jahr so sonnig, dass Orangen wachsen können.	10	Orangen brauchen zum Wachsen aber auch viel Wasser.
3	Brunnen tiefer zu bohren ist sehr teuer.	11	Reiche Landwirte können das teure Wasser bezahlen.
4	Aber viele Menschen können das nicht bezahlen und haben daher kein Wasser.	12	Durch die Bohrungen sinkt der Grundwassersiegel jedoch noch tiefer.
5	Daher müssen die Brunnen tiefer gebohrt (→ bohren) werden.	13	Daher müssen die Menschen in Kalifornien für ihr Wasser bezahlen.
6	In Kalifornien regnet es allerdings sehr wenig.	14	Kalifornien liegt zwar direkt am Meer.
7	Weil der Grundwasserspiegel sinkt, werden die Brunnen trocken.	15	Aber das Wasser aus dem Meer kann nicht für das Bewässern genommen werden.
8	Aber viele Menschen in Kalifornien bekommen ihr Wasser aus den Brunnen.	16	In Deutschland können wir trotzdem das ganze Jahr über Orangen essen.

Kalifornien: Orangen zu jedem Preis?

Reihenfolge: 2, 10, 6, 9, 1, 7, 8, 5, 3, 4

Reihenfolge: 2, 10, 6, 9, 14, 15, 1, 7, 8, 5, 3, 12, 13, 11, 4, 16

Bevölkerungspyramiden lesen

Bevölkerungspyramiden lesen		
	jung *young*	

Bevölkerungspyramiden lesen		
		das Mineral die Mineralien *the mineral*

Bevölkerungspyramiden lesen		
		das Säulendiagramm die Säulendiagramme *the bar diagram*

Bevölkerungspyramiden lesen		
	verschmutzt *polluted*	**die Verschmutzung** die Verschmutzungen *the pollution*

Arbeitsblatt

Bevölkerungspyramiden lesen

Afrika hat 55 Länder, die alle sehr unterschiedlich sind. Manche haben viele **Bodenschätze**. Bodenschätze sind z. B. Erdöl oder Mineralien. In vielen Ländern gibt es wenig Niederschläge. Und manche sind sehr arm.

In fast allen Ländern Afrikas werden sehr viele Kinder geboren. Das nennt man **Bevölkerungswachstum**. Afrika ist der Kontinent mit dem höchsten (→ hoch) Bevölkerungswachstum. Aber viele Menschen sterben, wenn sie noch jung sind.

In einer **Bevölkerungspyramide** werden Männer und Frauen unterschiedlichen Alters in einem Säulendiagramm gezeigt (→ zeigen).

1. Lies (→ lesen) die Bevölkerungspyramide von Afrika (Abbildung 1). Beantworte die Fragen.

a) Wie viel % der Männer sind 15–19 Jahre alt? ______________________

b) Wie viel % der Männer sind über 70 Jahre alt? ______________________

c) Wie viel % der Frauen sind 20–24 Jahre alt? ______________________

d) Wie viel % der Frauen sind 0–4 Jahre alt? ______________________

2. Lies (→ lesen) die Tabelle (Abbildung 2) und zeichne eine Bevölkerungspyramide für Deutschland in dein Heft: Männer blau, Frauen rot.

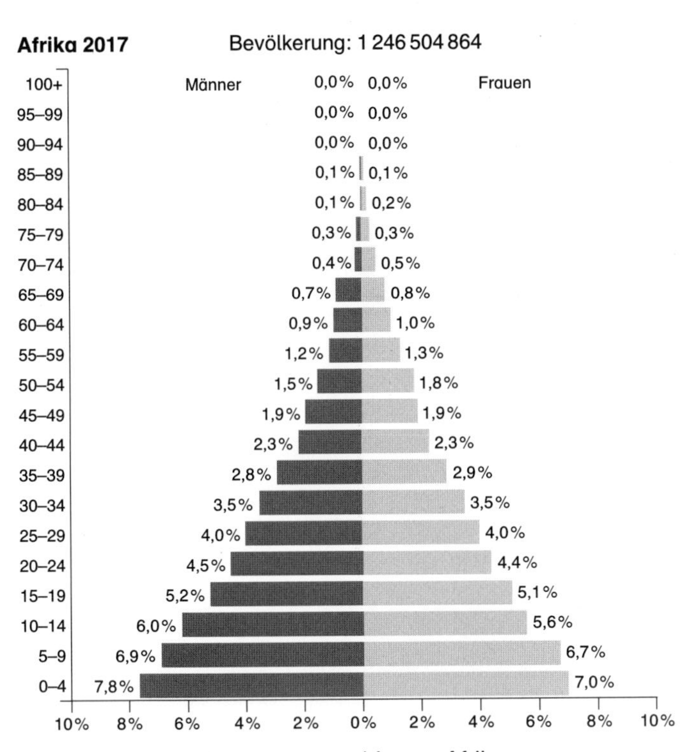

Abbildung 1: Bevölkerungspyramide von Afrika

Alter	Männer	Frauen
0–4	2,2	2,1
5–9	2,1	2,0
10–14	2,3	2,2
15–19	2,5	2,4
20–24	2,7	2,6
25–29	3,1	3,1
30–34	3,3	3,2
35–39	3,0	3,0
40–44	2,9	2,9
45–49	4,0	4,0
50–54	4,4	4,3
55–59	3,9	3,8
60–64	3,3	3,3
65-69	2,5	2,7
70–74	2,4	2,7
75–79	2,3	2,9
80–84	1,3	1,9
85–89	0,6	1,2
90–94	0,2	0,6
95-99	0,0	0,1
100+	0,0	0,0

Abbildung 2: Bevölkerung von Deutschland 2016

Bevölkerungspyramiden lesen

Afrika hat 55 Länder, die alle sehr unterschiedlich sind. Manche haben viele **Bodenschätze**. Bodenschätze sind z. B. Erdöl oder Mineralien. In vielen Ländern gibt es wenig Niederschläge. Und manche sind sehr arm.

In fast allen Ländern Afrikas werden sehr viele Kinder geboren. Das nennt man **Bevölkerungswachstum**. Afrika ist der Kontinent mit dem höchsten (→ hoch) Bevölkerungswachstum. Aber viele Menschen sterben, wenn sie noch jung sind.

In einer **Bevölkerungspyramide** werden Männer und Frauen unterschiedlichen Alters in einem Säulendiagramm gezeigt (→ zeigen).

1. Beschreibe den Unterschied zwischen den Bevölkerungspyramiden von Deutschland und von Afrika.

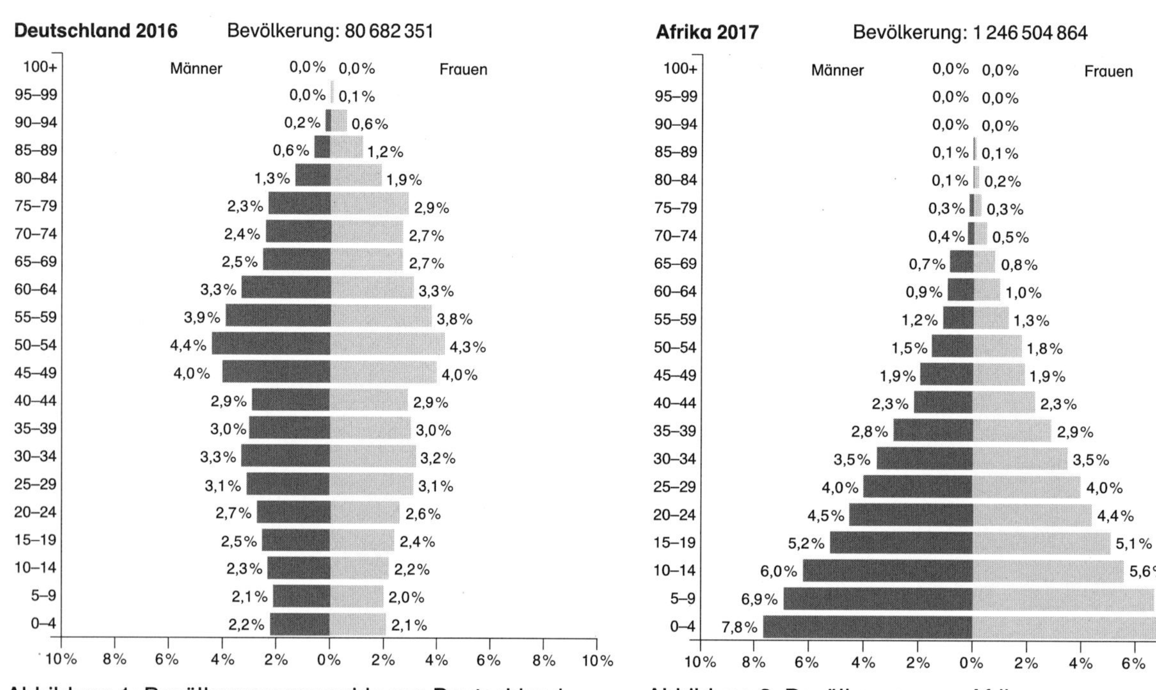

Abbildung 1: Bevölkerungspyramide von Deutschland

Abbildung 2: Bevölkerung von Afrika

2. Richtig oder falsch? Kreuze an (→ ankreuzen).

		richtig	**falsch**
a)	Die Gruppen der Menschen zwischen 0–4 Jahren ist in Afrika am größten (→ groß).		
b)	In Deutschland gibt es weniger sehr alte Frauen als Männer.		
c)	In Afrika leben die Menschen länger als in Deutschland.		
d)	Die Gruppe der Menschen zwischen 40–55 ist in Deutschland am größten.		
e)	In Afrika werden viele Menschen älter (→ alt) als 50 Jahre.		
f)	Viele Menschen in Afrika sterben, bevor sie 40 Jahre alt sind.		
g)	In Deutschland gibt es ungefähr so viele 10–14-Jährige wie 75–79-Jährige.		

1. **a)** Wie viel % der Männer sind 15–19 Jahre alt? 5,2%

   b) Wie viel % der Männer sind über 70 Jahre alt? 0,9%

   c) Wie viel % der Frauen sind 20–24 Jahre alt? 4,4%

   d) Wie viel % der Frauen sind 0–4 Jahre alt? 7,0%

2. **Deutschland 2016** Bevölkerung: 80 682 351

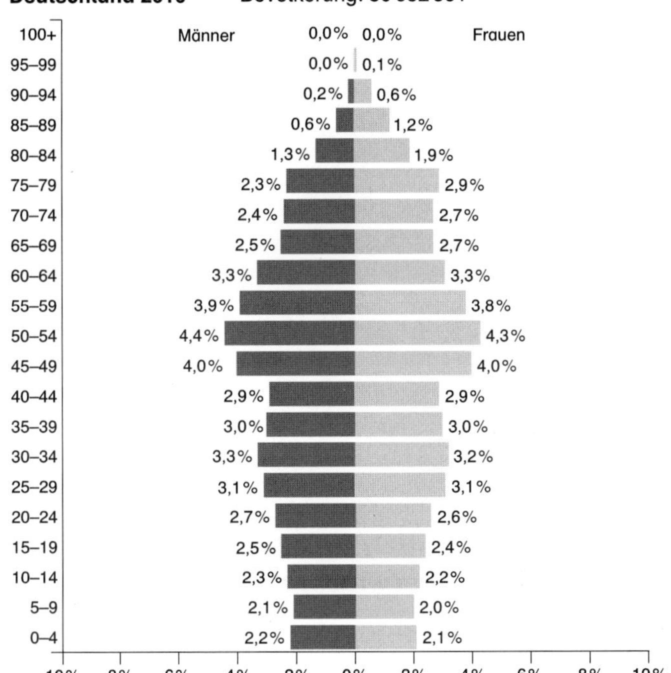

---

1. individuelle Lösung

2.

		richtig	**falsch**
a)	Die Gruppen der Menschen zwischen 0–4 Jahren ist in Afrika am größten (→ groß).	✗	
b)	In Deutschland gibt es weniger sehr alte Frauen als Männer.		✗
c)	In Afrika leben die Menschen länger als in Deutschland.		✗
d)	Die Gruppe der Menschen zwischen 40–55 ist in Deutschland am größten.	✗	
e)	In Afrika werden viele Menschen älter (→ alt) als 50 Jahre.		✗
f)	Viele Menschen in Afrika sterben, bevor sie 40 Jahre alt sind.	✗	
g)	In Deutschland gibt es ungefähr so viele 10–14-Jährige wie 75–79-Jährige.	✗	

Erdöl aus Nigeria

Erdöl aus Nigeria		
		der Äquator – *the equator*

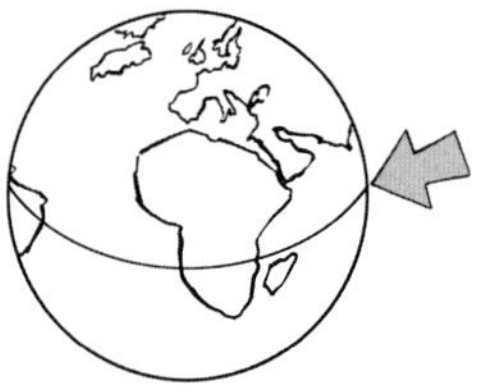

Erdöl aus Nigeria		
		die Firma die Firmen *the company*

Erdöl aus Nigeria		
fischen fische! *to fish*		**der Fisch** die Fische *the fish*

Erdöl aus Nigeria		
fördern fördere! *to produce*		das Fördern – *the mining*

Erdöl aus Nigeria		
folgen folge! *to follow*		**die Folge** die Folgen *the consequence*

Es regnet. ⟷ Die Erde wird nass.

Erdöl aus Nigeria		
	kaputt *broken*	

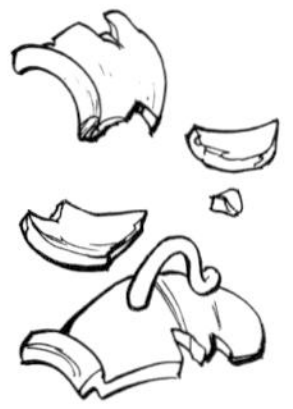

Erdöl aus Nigeria		
	krank *ill*	die Krankheit die Krankheiten *the illness*

Erdöl aus Nigeria		
verkaufen verkaufe! *to sell*		der Verkauf die Verkäufe *the disposal*

Erdöl aus Nigeria		
verlieren verliere! *to lose*		der Verlust die Verluste *the loss*

Erdöl aus Nigeria		
	verschmutzt *polluted*	**die Verschmutzung** die Verschmutzungen *the pollution*

Erdöl aus Nigeria

Nigeria liegt im Westen von Afrika nahe am Äquator.
Ein wichtiger Fluss ist der Niger.
In Nigeria gibt es viel Erdöl.

Das Erdöl wird von Firmen anderer Länder gefördert und verkauft.

1. Welche Folgen hat die Erdölförderung auf die Menschen, die am Fluss wohnen?

Verbinde die Bilder mit den Sätzen.

 	Durch die Verschmutzung werden viele Menschen krank.
 	Kaputte Pipelines verlieren Erdöl. Das Erdöl verschmutzt die Natur.
 	Im verschmutzten Wasser können keine Fische leben.
 	Das Trinkwasser ist verschmutzt.
 5	Viele Bäume sterben.
6 	Am Fluss kann nichts zum Essen gepflanzt (→ pflanzen) werden.

Erdöl aus Nigeria

Nigeria liegt im Westen von Afrika nahe am Äquator.
Ein wichtiger Fluss ist der Niger.
In Nigeria gibt es viel Erdöl.

Das Erdöl wird von Firmen anderer Länder gefördert und verkauft.

1. Welche Folgen hat die Erdölförderung auf die Menschen, die am Fluss wohnen?

Schreibe zu den Bildern einen Satz in dein Heft.
Die Wörter helfen dir.

1		Fluss • kein Essen • pflanzen
2		Verschmutzung • Wasser • sterben • Fische • Fluss
3		Verschmutzung • Menschen • krank
4		kaputte Pipelines • verlieren • Erdöl • verschmutzen • Natur
5		Verschmutzung • Boden • sterben • Bäume
6		Trinkwasser • verschmutzen

Erdöl aus Nigeria

1.

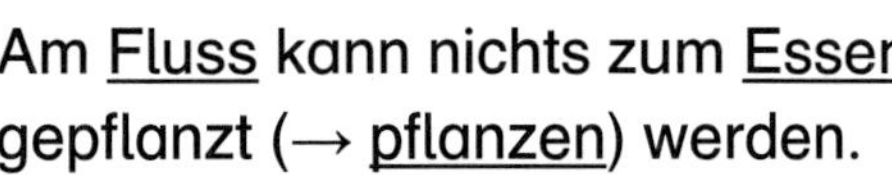

Durch die Verschmutzung werden viele Menschen krank.
Kaputte Pipelines verlieren Erdöl. Das Erdöl verschmutzt die Natur.
Im verschmutzten Wasser können keine Fische leben.
Das Trinkwasser ist verschmutzt.
Viele Bäume sterben.
Am Fluss kann nichts zum Essen gepflanzt (→ pflanzen) werden.

---

1. Beispiele:

1. Am Fluss kann kein Essen angepflanzt (→ pflanzen) werden.
2. Durch die Verschmutzung des Wassers sterben viele Fische im Fluss.
3. Durch die Verschmutzung werden viele Menschen krank.
4. Die kaputten Pipelines verlieren Erdöl und verschmutzen die Natur.
5. Durch die Verschmutzung des Bodens sterben viele Bäume.
6. Das Trinkwasser ist verschmutzt.

Vom Schwellenland zur globalen Wirtschaftsmacht		
		der Arzt die Ärzte *the doctor*

Vom Schwellenland zur globalen Wirtschaftsmacht		
		die Dienstleistung die Dienstleistungen *the service*

Vom Schwellenland zur globalen Wirtschaftsmacht		
(sich) entwickeln entwickele! *to develop*	entwickelt *developed*	**die Entwicklung** die Entwicklungen *the development*

Vom Schwellenland zur globalen Wirtschaftsmacht		
		das Erz die Erze *the ore*

Vom Schwellenland zur globalen Wirtschaftsmacht		
exportieren exportiere! *to export*		**der Export** die Exporte *the export*

Vom Schwellenland zur globalen Wirtschaftsmacht		
	reich *rich*	der Reichtum die Reichtümer *the wealth*

Vom Schwellenland zur globalen Wirtschaftsmacht		
		das Säulendiagramm die Säulendiagramme *the bar diagram*

Vom Schwellenland zur globalen Wirtschaftsmacht		
	wirtschaftlich *economic*	**die Wirtschaft** – *the economy*

Arbeitsblatt

Vom Schwellenland zur globalen Wirtschaftsmacht

Indien gehört zu den **Schwellenländern**. Ein Schwellenland ist zwischen einem **Entwicklungsland** und einer **Industrienation**.

In einem **Entwicklungsland** gibt es viele arme Menschen. Es gibt viele Geburten und wenige Ärzte. Nicht alle Menschen lernen lesen oder schreiben. Und viele Menschen haben zu wenig zu essen.

Eine **Industrienation** hat im Unterschied dazu wenige arme Menschen, weniger Geburten und viele Ärzte. Alle Kinder können in die Schule gehen.

Indien ist ein Land mit sehr großen Unterschieden: In Indien wohnen vier der zehn reichsten Menschen der Erde. 50 % der Inder sind sehr arm. Dennoch ist die Wirtschaft Indiens in den letzten 20 Jahren sehr gewachsen.

1. Male die Exporte Indiens aus der Tabelle in das Säulendiagramm.

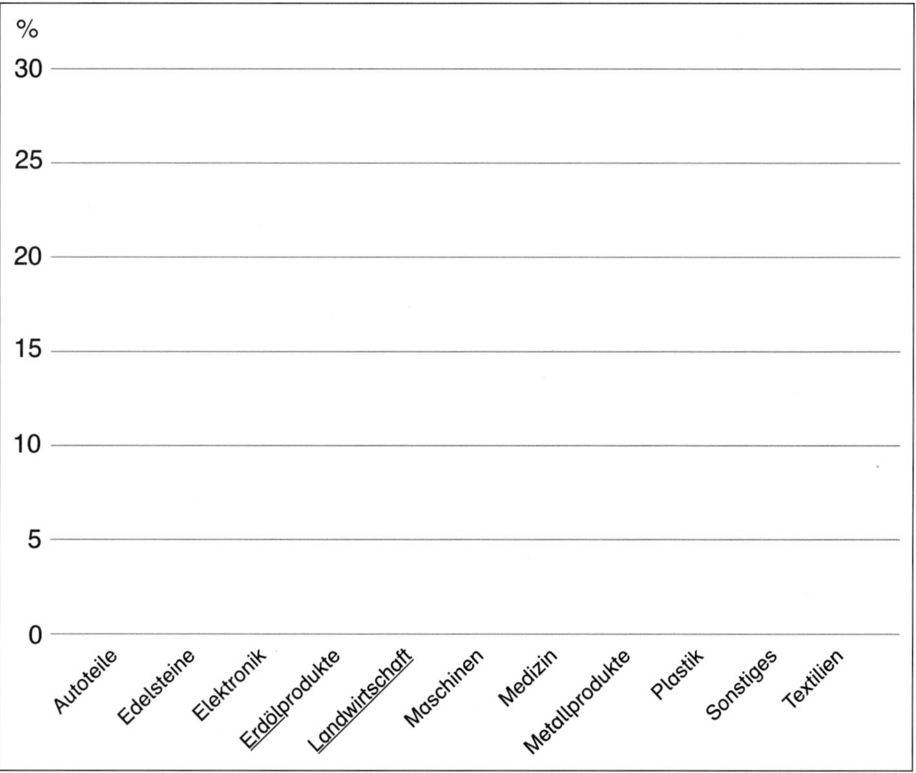

Exporte	%
Autoteile	7
Edelsteine	13
Elektronik	3
Erdölprodukte	20
Landwirtschaft	10
Maschinen	5
Medizin	5
Metallprodukte	3
Plastik	2
Sonstiges	25
Textilien	7

Vom Schwellenland zur globalen Wirtschaftsmacht

Indien gehört zu den **Schwellenländern**. Ein Schwellenland ist zwischen einem **Entwicklungsland** und einer **Industrienation**.

In einem **Entwicklungsland** gibt es viele arme Menschen. Es gibt viele Geburten und wenige Ärzte. Nicht alle Menschen lernen lesen oder schreiben. Und viele Menschen haben zu wenig zu essen.

Eine **Industrienation** hat im Unterschied dazu wenige arme Menschen, weniger Geburten und viele Ärzte. Alle Kinder können in die Schule gehen.

Indien ist ein Land mit sehr großen Unterschieden: In Indien wohnen vier der zehn reichsten Menschen der Erde. 50 % der Inder sind trotzdem sehr arm. Dennoch ist die Wirtschaft Indiens in den letzten 20 Jahren sehr gewachsen.

1. Trage die Namen der Städte (★) in der Karte ein.

2. Nutze den Atlas: Welche Wirtschaft gibt es in Indien? Trage die Wörter (→ Wort) in die Tabelle ein: Erdöl, Dienstleistungen, Erze, Landwirtschaft.

Symbol	Wort
○	
●	
≡	

3. Nutze den Atlas: Welche Landwirtschaft gibt es in Indien? Schreibe auf.

____

____

____

____

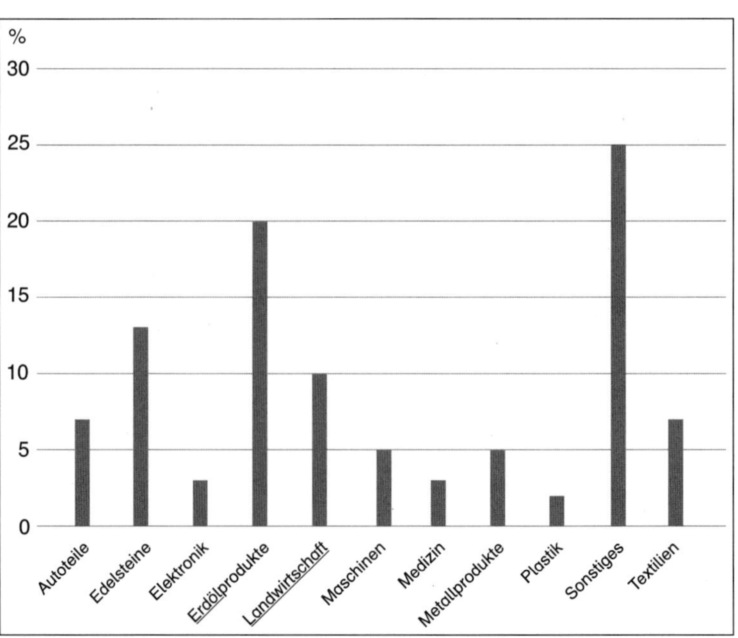

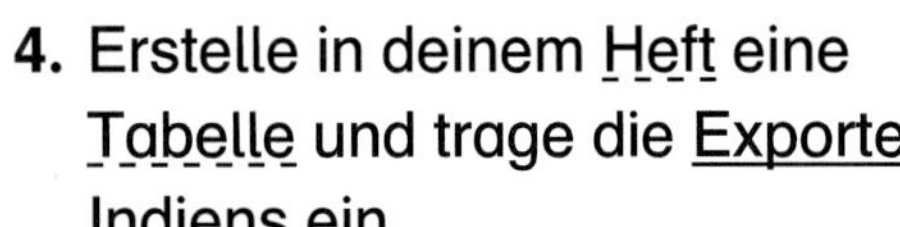

4. Erstelle in deinem Heft eine Tabelle und trage die Exporte Indiens ein.

1.

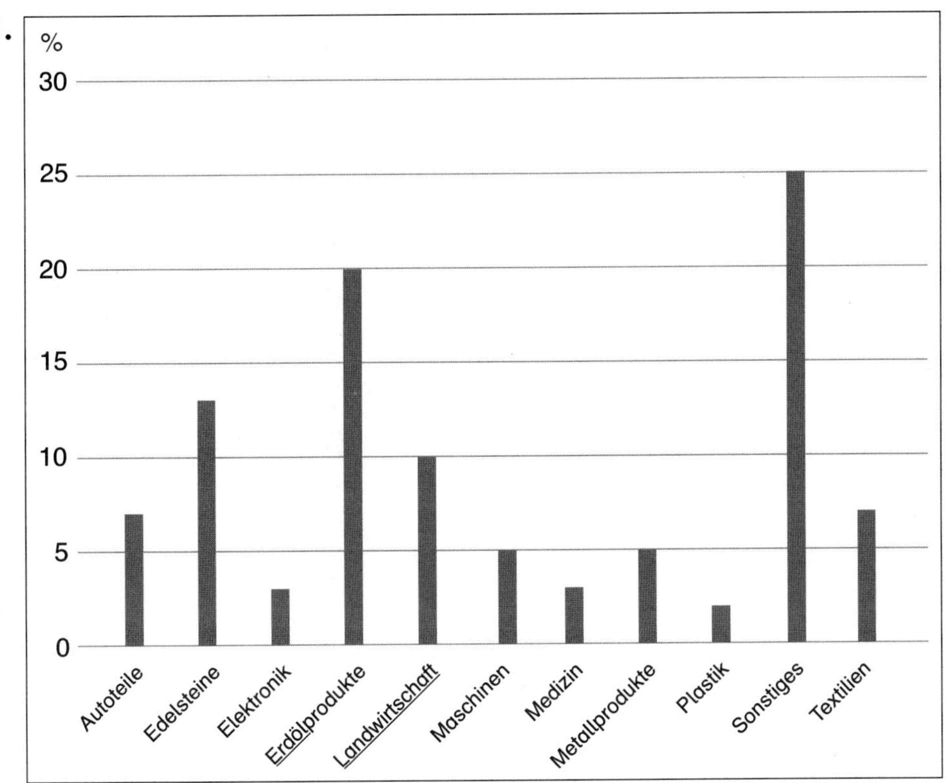

1.

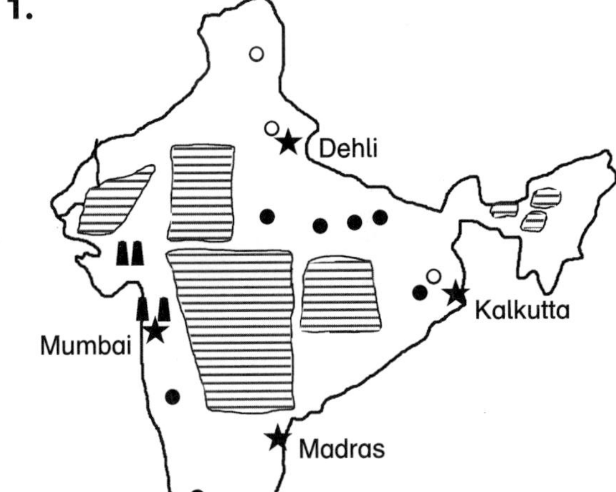

2.

Symbol	Wort
▮▮	Erdöl
○	Dienstleistungen
●	Erze
☰	Landwirtschaft

3. Weizen, Mais, Reis, Hirse, Gemüse, Soja, Hülsenfrüchte, Erdnüsse, Sonnenblumen, Gewürze.

4.

Exporte	%
Autoteile	7
Edelsteine	13
Elektronik	3
Erdölprodukte	20
Landwirtschaft	10
Maschinen	5
Medizin	5
Metallprodukte	3
Plastik	2
Sonstiges	25
Textilien	7

Teufelskreis Kinderarbeit

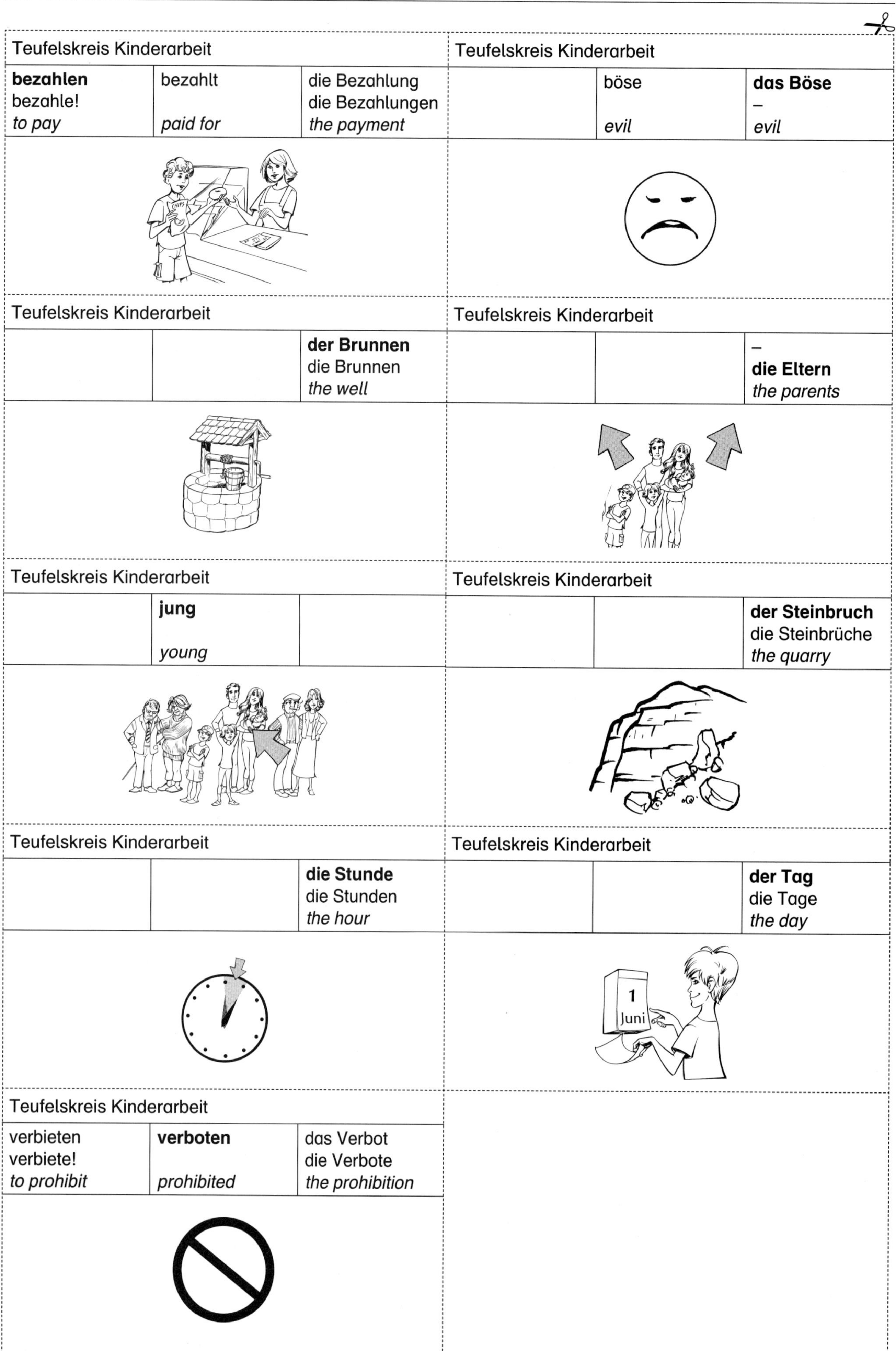

Teufelskreis Kinderarbeit

bezahlen bezahle! *to pay*	bezahlt *paid for*	die Bezahlung die Bezahlungen *the payment*

Teufelskreis Kinderarbeit

	böse *evil*	**das Böse** – *evil*

Teufelskreis Kinderarbeit

		der Brunnen die Brunnen *the well*

Teufelskreis Kinderarbeit

		– **die Eltern** *the parents*

Teufelskreis Kinderarbeit

	jung *young*	

Teufelskreis Kinderarbeit

		der Steinbruch die Steinbrüche *the quarry*

Teufelskreis Kinderarbeit

		die Stunde die Stunden *the hour*

Teufelskreis Kinderarbeit

		der Tag die Tage *the day*

Teufelskreis Kinderarbeit

verbieten verbiete! *to prohibit*	**verboten** *prohibited*	das Verbot die Verbote *the prohibition*

Teufelskreis Kinderarbeit

Indien ist ein Land mit vielen jungen Menschen. **Kinderarbeit** heißt, dass Kinder arbeiten müssen. Sie können deshalb oft nicht zur Schule gehen. In Indien ist Kinderarbeit verboten. Es gibt trotzdem etwa 44 Millionen Kinder, die arbeiten müssen. Das sind 10 % aller indischen Kinder unter 18 Jahren. Vor allem Kinder ab zwölf Jahren arbeiten, bis zu 16 Stunden am Tag.

In Indien ist Kinderarbeit zwar verboten, aber:

- Für viele Eltern ist es nichts Böses, wenn ihr Kind arbeitet.
- Kinder, deren Eltern gestorben (→ sterben) sind, müssen für ihr Essen arbeiten.

Wenn Kinder nicht in die Schule gehen können, lernen sie nichts. Und wenn sie älter (→ alt) werden, bekommen sie keine gut bezahlte (→ bezahlen) Arbeit. Die Familie bleibt arm und auch die Kinder der Kinder müssen wieder arbeiten.

Beschreibe die Unterschiede im Tag eines Kindes aus Indien und deinem Tag.

dein Tag	**Uhrzeit**	**Kind in Indien (Mädchen, neun Jahre alt)**
	05:30–7:00	aufstehen, zum Brunnen gehen und Trinkwasser holen, Frühstück
	07:00–08:00	Weg zur Arbeit im Steinbruch
	08:00–13:00	Arbeit im Steinbruch
	13:00–15:00	Arbeit im Steinbruch
	15:00–18:00	Arbeit im Steinbruch
	18:00–19:00	Weg nach Hause (→ Haus)
	19:00–19:30	essen
	19:30–05:30	schlafen

Teufelskreis Kinderarbeit

Indien ist ein Land mit vielen jungen Menschen. **Kinderarbeit** heißt, dass Kinder arbeiten müssen. Sie können deshalb oft nicht zur Schule gehen. In Indien ist Kinderarbeit verboten. Es gibt trotzdem etwa 44 Millionen Kinder, die arbeiten müssen. Das sind 10 % aller indischen Kinder unter 18 Jahren. Vor allem Kinder ab zwölf Jahren arbeiten, bis zu 16 Stunden am Tag. Aber auch zehn Millionen Kinder in Indien zwischen fünf und 14 Jahren müssen arbeiten.

In Indien ist Kinderarbeit zwar verboten, aber:

- Für viele Eltern ist es nichts Böses, wenn ihr Kind arbeitet.
- Kinder, deren Eltern gestorben (→ sterben) sind, müssen für ihr Essen arbeiten.

Wenn Kinder nicht in die Schule gehen können, lernen sie nichts. Und wenn sie älter (→ alt) werden, bekommen sie keine gut bezahlte (→ bezahlen) Arbeit. Die Familie bleibt arm und auch die Kinder der Kinder müssen wieder arbeiten.

1. Beschreibe den Teufelskreis der Kinderarbeit.

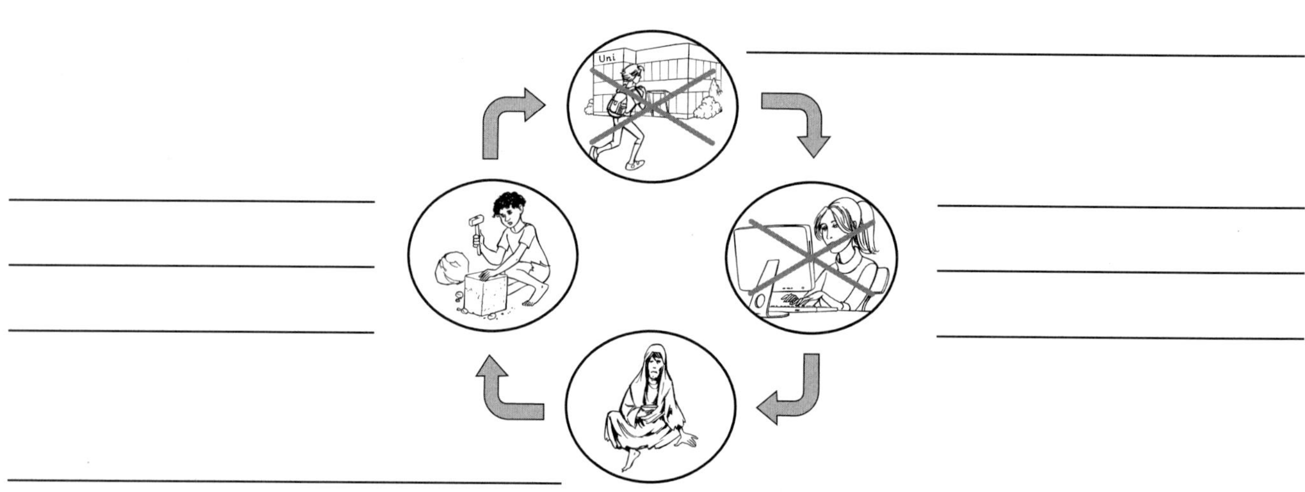

2. Was ist bei dir anders, als bei einem indischen Kind, das arbeiten muss? Schreibe in die Tabelle.

	Schule	**Hobby**	**Essen**	**Freizeit**
ich	ja			
indisches Kind				sehr wenig

Teufelskreis Kinderarbeit

1. Beispiel:

dein Tag	**Uhrzeit**	**Kind in Indien (Mädchen, neun Jahre alt)**
schlafen	05:30–07:00	aufstehen, zum Brunnen gehen und Trinkwasser holen, Frühstück
aufstehen und Frühstück	07:00–08:00	Weg zur Arbeit im Steinbruch
Schule	08:00–13:00	Arbeit im Steinbruch
Mittagsessen und Hausaufgaben	13:00–15:00	Arbeit im Steinbruch
Treffen mit Freunden	15:00–18:00	Arbeit im Steinbruch
Abendbrot	18:00–19:00	Weg nach Hause (→ Haus)
spielen, fernsehen	19:00–19:30	essen
schlafen	19:30–05:30	schlafen

1.

Die Kinder können nicht in die Schule gehen.

Deshalb können sie keine gut bezahlte Arbeit haben.

Die Familie bleibt arm.

Auch die Kinder der Kinder müssen arbeiten.

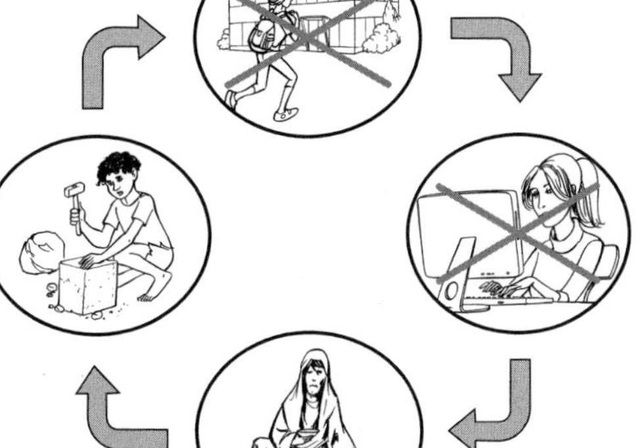

2.

	Schule	**Hobby**	**Essen**	**Freizeit**
ich	ja	ja	3 Mal am Tag	ja
indisches Kind	nein	nein	2 Mal am Tag	sehr wenig

Megastädte – Slumbildung

Megastädte – Slumbildung		
denken **denke!** *to think*		

Megastädte – Slumbildung		
		der Einwohner die Einwohner *the inhabitants*

Megastädte – Slumbildung		
		das Gebiet die Gebiete *the area*

Megastädte – Slumbildung		
	gut *good*	**das Gute** – *the good*

schlecht

Megastädte – Slumbildung		
leiden – *to suffer*		**das Leiden** die Leiden *the suffering*

Megastädte – Slumbildung		
	reich *rich*	der Reichtum die Reichtümer *the wealth*

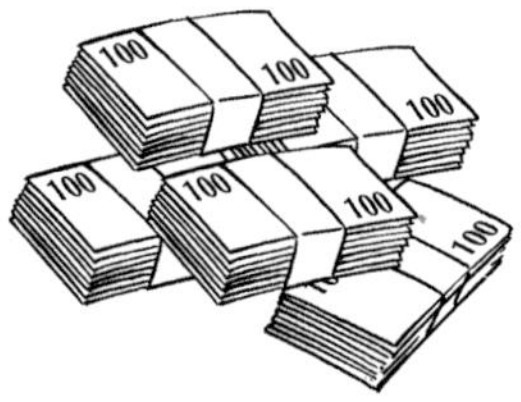

Megastädte – Slumbildung		
	schlecht *bad*	**das Schlechte** – *the bad*

gut

Megastädte – Slumbildung		
	verschmutzt polluted	**die Verschmutzung** die Verschmutzungen *the pollution*

Megastädte – Slumbildung

Megastädte nennt man Städte mit mehr als zehn Millionen Einwohnern. 1950 gab es zwei Megastädte (Tokio und New York City), 2015 gab es 22 Megastädte auf der Erde.

Arme Menschen kommen aus den ländlichen Gebieten in die Stadt. Sie denken, es gibt in der Stadt mehr Arbeit. Außerdem denken sie, dass ihre Kinder hier eine bessere **Bildung** bekommen und lesen und schreiben lernen.

1. Suche im Atlas fünf Megastädte und schreibe sie auf.

______________________ ______________________ ______________________

______________________ ______________________

Oft ist es für die Menschen in der Stadt nicht besser (→ gut). In Megastädten leiden die Menschen häufig unter der Verschmutzung der Luft.
Die reichen Einwohner und die armen Einwohner einer Megastadt wohnen in unterschiedlichen Gebieten der Stadt. Das Gebiet der armen Einwohner nennt man **Slum**. Die Häuser (→ Haus) dort sind schlecht und es gibt wenig gutes Trinkwasser und nicht genug zu essen. Oft müssen die Kinder arbeiten, um Essen zu bekommen.

2. Ordne die Bilder den Sätzen zu (→ zuordnen).

1

3

5

2

4

6

◯ Die Menschen denken, in der Stadt gibt es mehr Arbeit.
◯ Sie wollen mehr Bildung für ihre Kinder.
◯ In den Slums gibt es häufig verschmutztes Trinkwasser.
◯ Die Häuser (→ Haus) in den Slums sind schlecht.
◯ Kinder müssen häufig arbeiten, um Essen zu bekommen.
◯ In Megastädten leiden die Menschen unter der Verschmutzung der Luft.

Megastädte – Slumbildung

Megastädte nennt man Städte mit mehr als zehn Millionen Einwohnern. 1950 gab es zwei Megastädte (Tokio und New York City), 2015 gab es 22 Megastädte auf der Erde.

Arme Menschen kommen aus den ländlichen Gebieten in die Stadt. Sie denken, es gibt in der Stadt mehr Arbeit. Außerdem denken sie, dass ihre Kinder hier eine bessere **Bildung** bekommen und lesen und schreiben lernen.

1. Was ist eine Megastadt? Schreibe auf.

2. Suche im Atlas sechs Megastädte und schreibe sie auf.

Oft ist es für die Menschen in der Stadt nicht besser (→ gut). In Megastädten leiden die Menschen häufig unter der Verschmutzung der Luft.
Die reichen Einwohner und die armen Einwohner einer Megastadt wohnen in unterschiedlichen Gebieten der Stadt. Das Gebiet der armen Einwohner nennt man **Slum**. Die Häuser (→ Haus) dort sind schlecht und es gibt wenig gutes Trinkwasser und nicht genug zu essen. Oft müssen die Kinder arbeiten, um Essen zu bekommen.

3. Welche Begriffe gehören zu welchen Bildern? Schreibe auf.

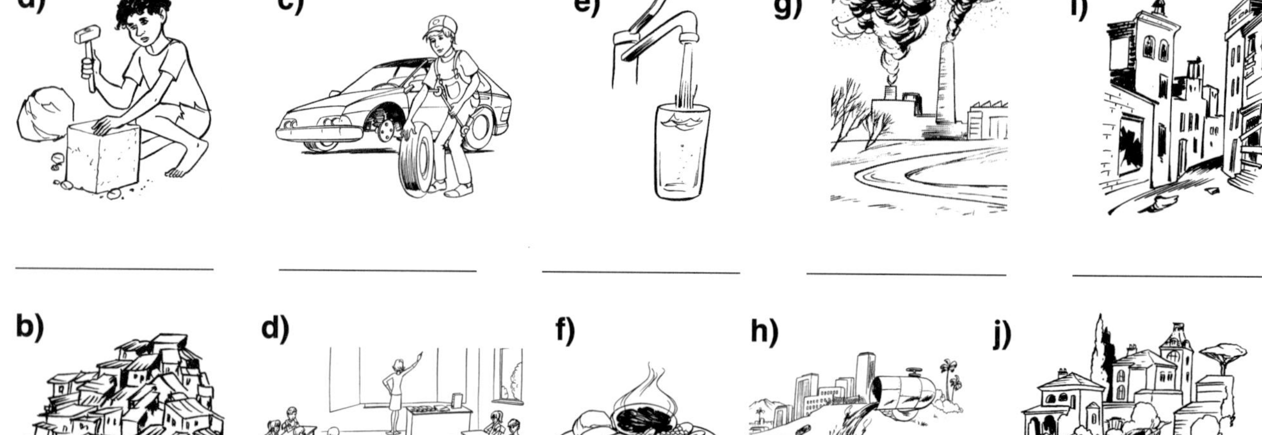

Bildung • schlechte Häuser (→ Haus) • Kinderarbeit • mehr Arbeit • reiches Gebiet in der Stadt • verschmutztes Trinkwasser • schlechte Müllentsorgung • besseres (→ gut) Essen • armes Gebiet in der Stadt • verschmutzte Luft

Megastädte – Slumbildung

1. Beispiele: Mumbai, New York City, Tokio, Sao Paulo, Kalkutta, Jakarta, Buenos Aires, Kairo, Osaka, Moskau, Manila, Peking, Lagos, Delhi, Dhaka.

2. (2) Die Menschen denken, in der Stadt gibt es mehr Arbeit.
   (3) Sie wollen mehr Bildung für ihre Kinder.
   (4) In den Slums gibt es häufig verschmutztes Trinkwasser.
   (1) Die Häuser (→ Haus) in den Slums sind schlecht.
   (5) Kinder müssen häufig arbeiten, um Essen zu bekommen.
   (6) In Megastädten leiden die Menschen unter der Verschmutzung der Luft.

1. Eine Megastadt ist eine Stadt mit mehr als zehn Millionen Einwohnern.

2. Beispiele: Mumbai, New York City, Tokio, Sao Paulo, Kalkutta, Jakarta, Buenos Aires, Kairo, Osaka, Moskau, Manila, Peking, Lagos, Delhi, Dhaka.

a) 
Kinderarbeit

c) 
mehr Arbeit

e) 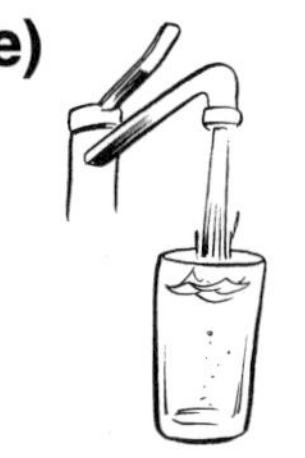
verschmutztes Trinkwasser

g) 
verschmutzte Luft

i) 
schlechte Häuser (→ Haus)

b) 
armes Gebiet in der Stadt

d) 
Bildung

f) 
besseres (→ gut) Essen

h) 
schlechte Müllentsorgung

j) 
reiches Gebiet in der Stadt

Global Cities

Global Cities

		die Dienstleistung die Dienstleistungen *the service*

Global Cities

		der Einwohner die Einwohner *the inhabitants*

Global Cities

		die Firma die Firmen *the company*

Global Cities

		die Infrastruktur die Infrastrukturen *the infrastructure*

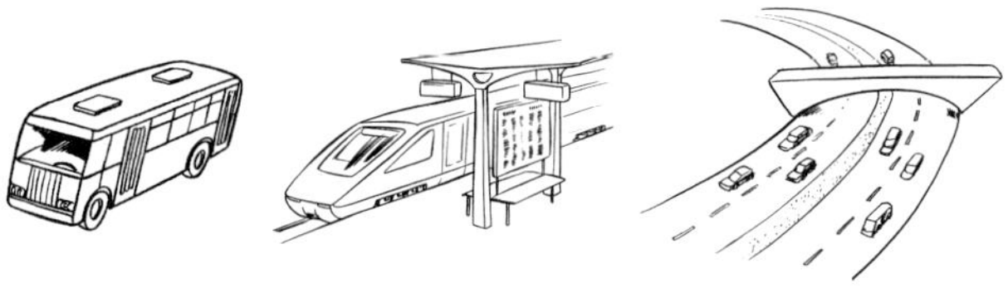

Global Cities

		die Institution die Institutionen *the institution*

Global Cities

	international *international*	

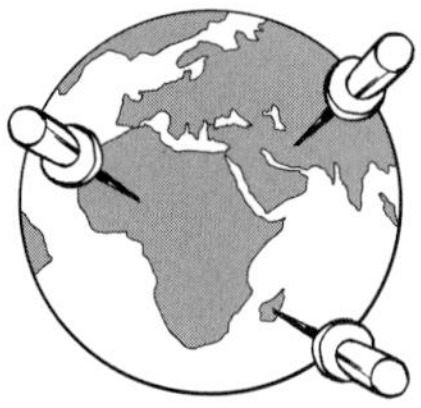

Global Cities

		der Standort die Standorte *the location*

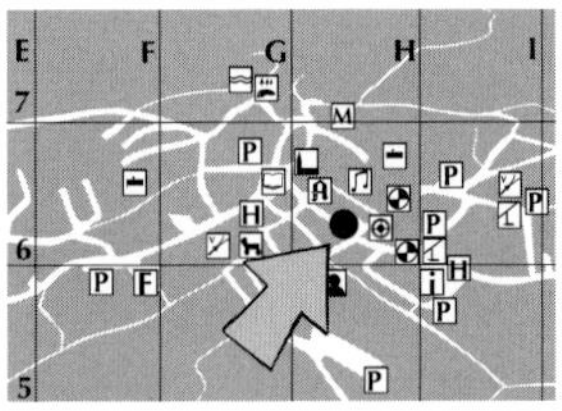

Global Cities

		die Ware die Waren *the goods*

Global Cities

		das Zentrum die Zentren *the centre*

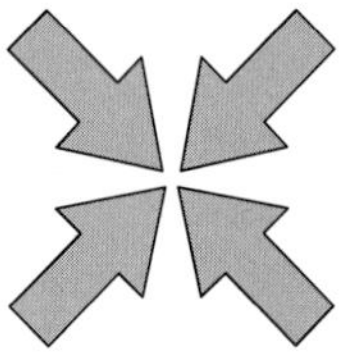

Global Cities

Global Cities haben nicht nur viele Einwohner, sondern die Städte sind:

- Standorte internationaler Firmen, den **Global Players**.
- der Sitz großer internationaler Institutionen, zum Beispiel: UN, Deutsches Rotes Kreuz oder Greenpeace.
- das Zentrum für Dienstleistungen.
- das Zentrum für internationale Transporte.

In Deutschland sind Berlin und Frankfurt Global Cities.

1. Ordne die Bilder und Wörter zu (→ zuordnen). Schreibe die Zahlen in die Kästchen.

internationale Firmen

internationale Institutionen

Dienstleistungen

Global City

internationale Transporte

1

2

3

Uni

4 CocaCola®

5

6 Deutsches Rotes Kreuz

7 McDonalds®

8

9

Export

10 Amnesty International

11

Hotel

12

13 adidas®

14 Vereinte Nationen (UN)

15 Apple®

Global Cities

Global Cities haben nicht nur viele Einwohner, sondern die Städte sind:

- Standorte internationaler Firmen, den **Global Players**.
- der Sitz großer internationaler Institutionen, zum Beispiel: UN, Deutsches Rotes Kreuz oder Greenpeace.
- das Zentrum für Dienstleistungen.
- das Zentrum für internationale Transporte.

In Deutschland sind Berlin und Frankfurt Global Cities.

1. Sortiere die Bilder zu den Wörtern im Text.

Zu den Dienstleistungen gehören Banken ☐, Schulen und Universitäten ☐, Hotels ☐ oder Restaurants ☐.

Internationale Firmen (**Global Player**) sind zum Beispiel CocaCola® ☐, McDonald's® ☐ adidas® ☐ oder Apple® ☐.

Als Beispiel für internationale Institutionen können Amnesty International ☐, das Deutsche Rote Kreuz ☐ oder die Vereinten Nationen (UN) ☐ genannt werden.

Eine Stadt mit einem Flughafen ☐ gilt als Zentrum für internationale Transporte. Dazu gehört eine gute Infrastruktur für den Transport von Waren durch die Bahn (Zug) ☐, durch Lastwagen (Lkw) ☐ oder per Schiff ☐ auf dem Fluss.

(1)

(2)

(3) Uni

(4) CocaCola®

(5)

(6) Deutsches Rotes Kreuz

(7) McDonalds®

(8)

(9) Export

(10) Amnesty International

(11) Hotel

(12)

(13) adidas®

(14) Vereinte Nationen (UN)

(15) Apple®

2. Suche im Atlas auf einer Weltkarte **Global Cities**?

____

____

Global Cities

1. internationale Firmen

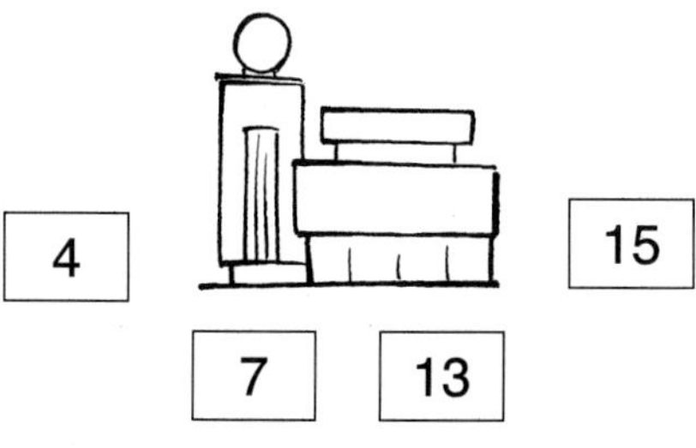

internationale Institutionen

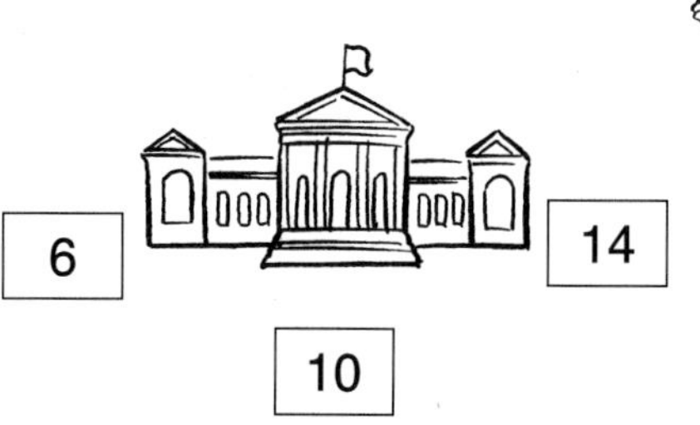

Global City

Dienstleistungen

internationale Transporte

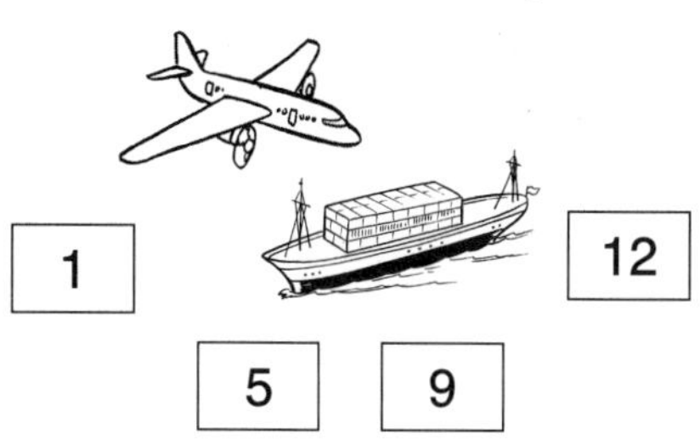

---

1. Zu den Dienstleistungen gehören Banken [2], Schulen und Universitäten [3], Hotels [11] oder Restaurants [8].
Internationale Firmen (**Global Player**) sind zum Beispiel CocaCola® [4], McDonald's® [7] adidas® [13] oder Apple® [15].
Als Beispiel für internationale Institutionen können Amnesty International [10], das Deutsche Rote Kreuz [6] oder die Vereinten Nationen (UN) [14] genannt werden.
Eine Stadt mit einem Flughafen [1] gilt als Zentrum für internationale Transporte. Dazu gehört eine gute Infrastruktur für den Transport von Waren durch die Bahn (Zug) [5], durch Lastwagen (Lkw) [9] oder per Schiff [12] auf dem Fluss.

2. Beispiele: San Francisco, New York City, London, Paris, Mumbai, Tokyo, Beijing, Seoul, Sydney, Moskau, Chicago, Singapore, Hong Kong, Madrid, Istanbul.

Globalisierung – was ist das?

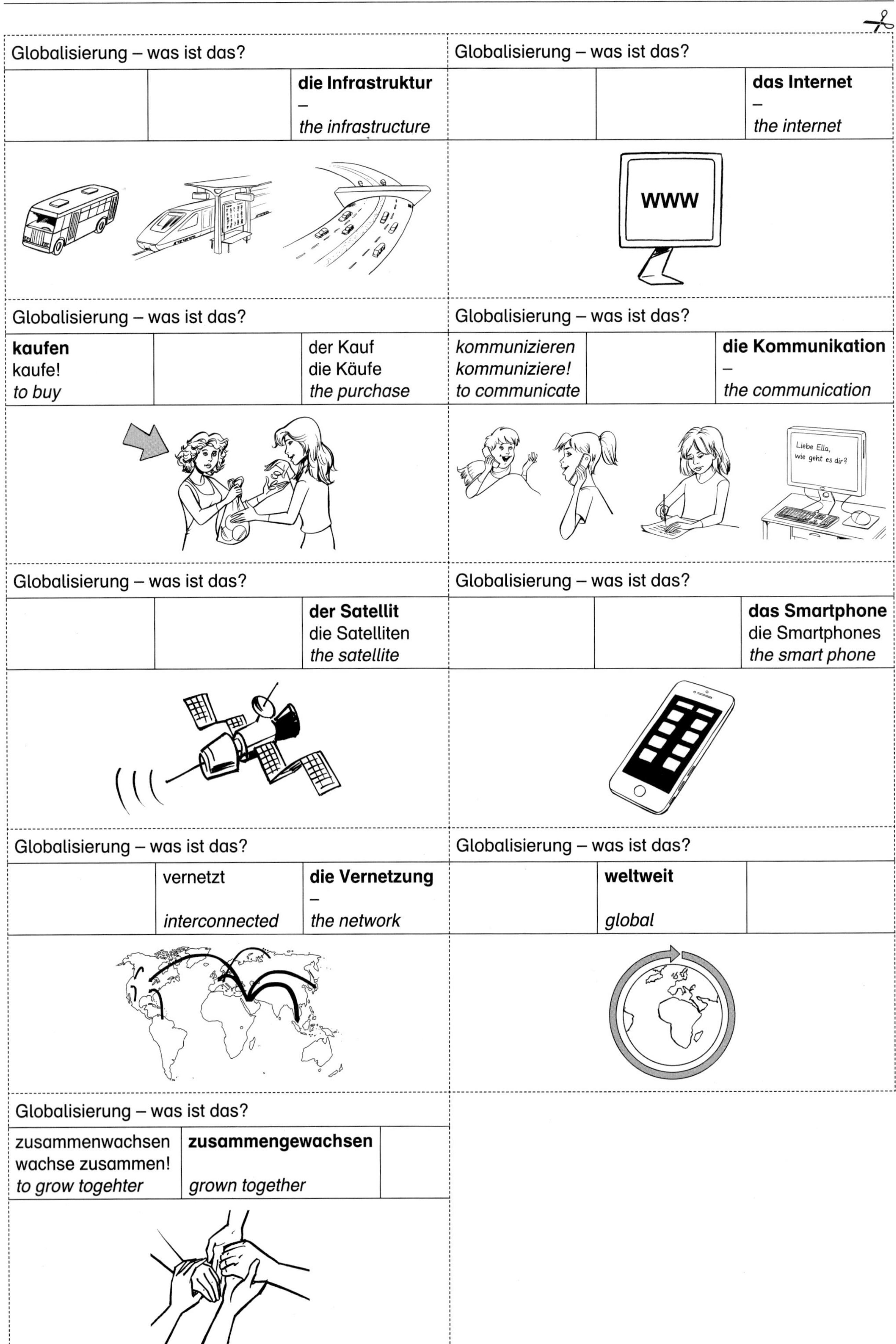

Globalisierung – was ist das?

		die Infrastruktur – *the infrastructure*

Globalisierung – was ist das?

		das Internet – *the internet*

Globalisierung – was ist das?

kaufen kaufe! *to buy*		der Kauf die Käufe *the purchase*

Globalisierung – was ist das?

kommunizieren *kommuniziere!* *to communicate*		**die Kommunikation** – *the communication*

Globalisierung – was ist das?

		der Satellit die Satelliten *the satellite*

Globalisierung – was ist das?

		das Smartphone die Smartphones *the smart phone*

Globalisierung – was ist das?

	vernetzt *interconnected*	**die Vernetzung** – *the network*

Globalisierung – was ist das?

	weltweit *global*	

Globalisierung – was ist das?

zusammenwachsen wachse zusammen! *to grow togehter*	**zusammengewachsen** *grown together*	

Globalisierung – was ist das?

Globalisierung nennt man die Vernetzung der Erde. Durch Internet und Infrastruktur können die Menschen heute an fast jedem Ort der Erde alles kaufen.

1. Woher kommen die Gegenstände und Menschen? Markiere das Land in der Karte.

du	dein Smartphone	deine Hose	dein T-Shirt	dein Lehrer/ deine Lehrerin	deine Tasche

Durch das Internet und eine weltweite Infrastruktur ist die Erde zusammengewachsen. Satelliten verbinden die Kontinente und Länder. Durch sie ist Kommunikation über viele 100 km möglich.

2. Welche Wörter kennst du schon? Verbinde die Wörter mit den Bildern.

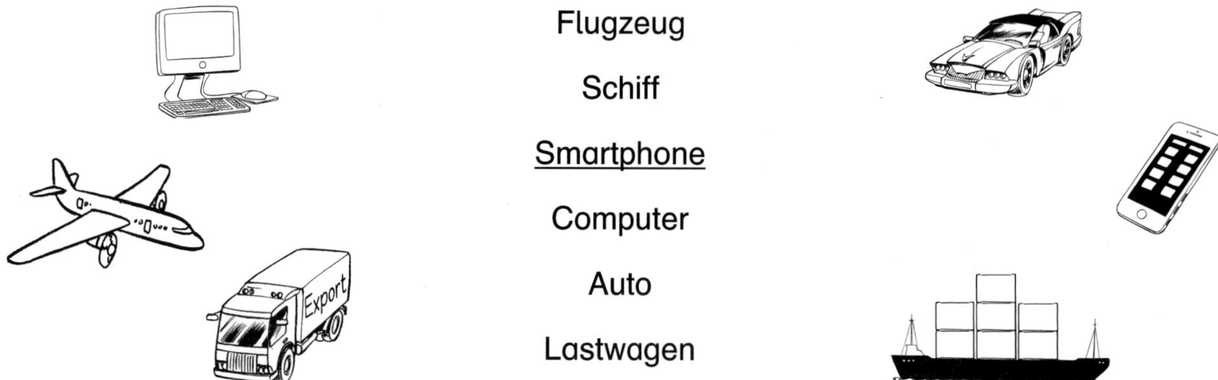

Flugzeug

Schiff

Smartphone

Computer

Auto

Lastwagen

Arbeitsblatt

Globalisierung – was ist das?

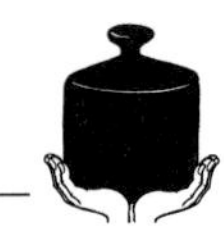

Globalisierung nennt man die Vernetzung der Erde. Durch Internet und Infrastruktur können die Menschen heute an fast jedem Ort der Erde alles kaufen.

1. Woher kommen die Gegenstände und Menschen? Markiere das Land in der Karte.

du	dein Smartphone	deine Hose	dein T-Shirt	dein Lehrer/ deine Lehrerin	deine Tasche	dein Freund/ deine Freundin	euer Hausmeister

Durch das Internet und eine weltweite Infrastruktur ist die Erde zusammengewachsen. **Satelliten** verbinden die Kontinente und Länder. Durch sie ist Kommunikation über viele 100 km möglich.

2. Wodurch sind Menschen über Länder und Kontinente außerdem miteinander verbunden (→ verbinden)? Schreibe auf. Die Bilder und Wörter helfen dir.

fliegen • sprechen • Nachrichten • transportieren • vernetzt • weltweit

Smartphone

Auto

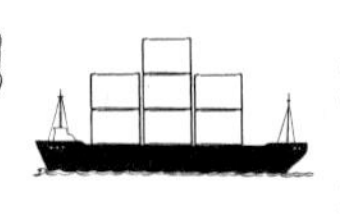

Schiff

Fernsehen

Satellit

Lastwagen

Computer

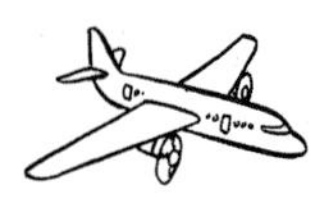

Flugzeug

Globalisierung – was ist das?

1. Beispiel:

du	dein Smartphone	deine Hose	dein T-Shirt	dein Lehrer/ deine Lehrerin	deine Tasche
individuelle Lösung					

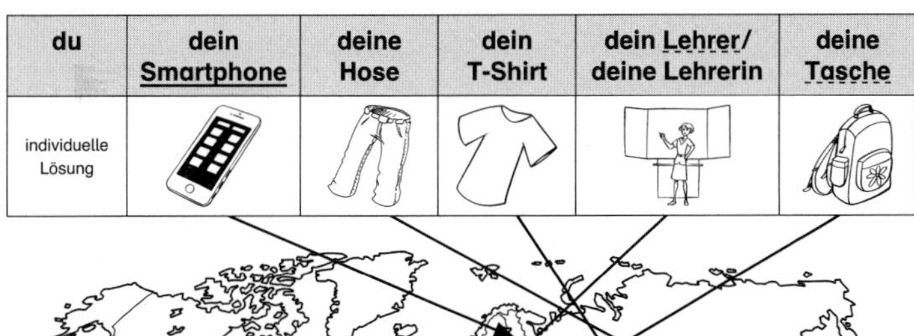

2.

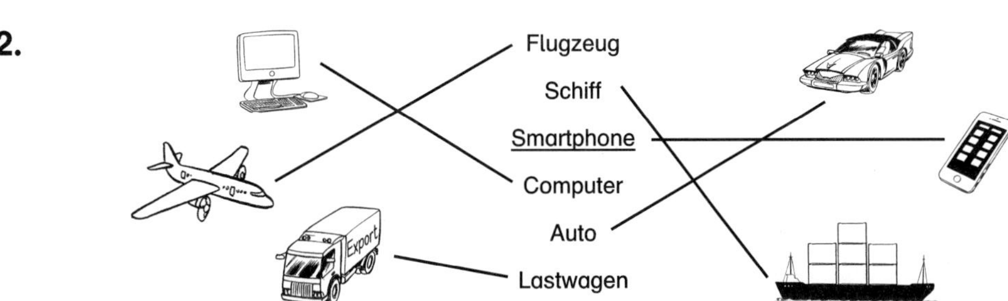

Flugzeug
Schiff
Smartphone
Computer
Auto
Lastwagen

1. Beispiel:

du	dein Smartphone	deine Hose	dein T-Shirt	dein Lehrer/ deine Lehrerin	deine Tasche	dein Freund/ deine Freundin	euer Hausmeister
individuelle Lösung							

2. Beispiel: Mit dem Smartphone kann ich mit meinen Freuden sprechen.
Im Fernsehen sehe ich Nachrichten von anderen Ländern.
Mit dem Flugzeug kann man in andere Länder fliegen.
Lastwagen und Schiffe transportieren viele Menschen und Dinge.
Über Computer sind wir weltweit vernetzt.

Der Weg eines Smartphones

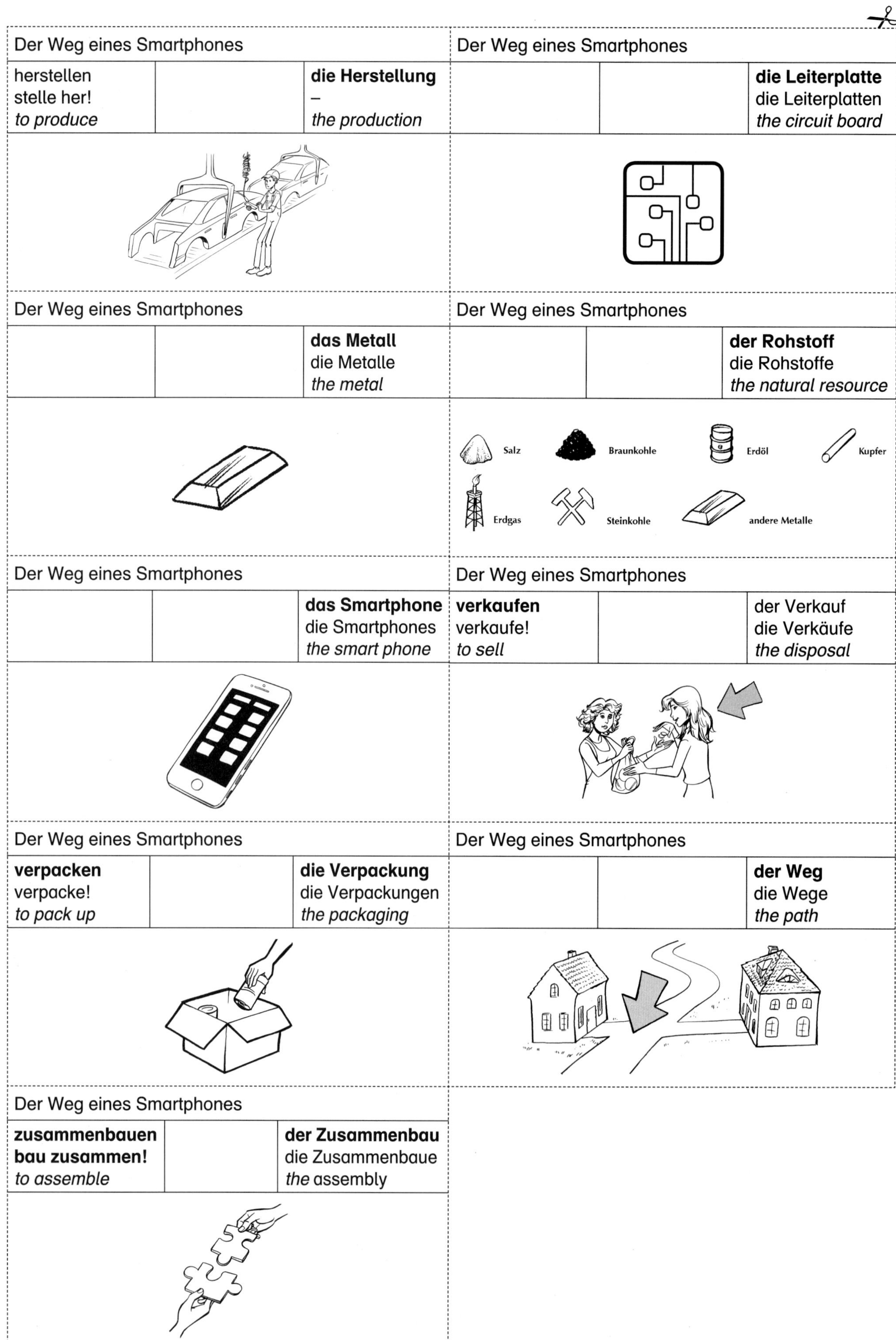

Der Weg eines Smartphones

herstellen stelle her! *to produce*		**die Herstellung** – *the production*

Der Weg eines Smartphones

		die Leiterplatte die Leiterplatten *the circuit board*

Der Weg eines Smartphones

		das Metall die Metalle *the metal*

Der Weg eines Smartphones

		der Rohstoff die Rohstoffe *the natural resource*

Der Weg eines Smartphones

		das Smartphone die Smartphones *the smart phone*

Der Weg eines Smartphones

verkaufen verkaufe! *to sell*		der Verkauf die Verkäufe *the disposal*

Der Weg eines Smartphones

verpacken verpacke! *to pack up*		**die Verpackung** die Verpackungen *the packaging*

Der Weg eines Smartphones

		der Weg die Wege *the path*

Der Weg eines Smartphones

zusammenbauen **bau zusammen!** *to assemble*		**der Zusammenbau** die Zusammenbaue *the* assembly

Der Weg eines Smartphones

1 Für ein Smartphone werden verschiedene Rohstoffe benötigt. In Chile wird Kupfer abgebaut.	Cu
2 In Russland werden Silber und Gold abgebaut.	Ag / Au
3 Gold, Silber und Kupfer werden mit anderen Metallen nach China transportiert. Dort werden die Leiterplatten zusammengebaut.	
4 Danach werden die Leiterplatten nach Malaysia transportiert. Hier werden die Smartphones zusammengebaut (→ zusammenbauen) und dann nach Finnland transportiert.	
5 In Finnland werden die Smartphones verpackt.	
6 Von Finnland werden die Smartphones nach Deutschland transportiert. Dort werden sie verkauft.	Ich möchte ein Smartphone kaufen

Markiere die Länder, die bei der Herstellung des Smartphones mitwirken. Zeichne den Weg des Smartphones mit Pfeilen (→) in die Karte ein.

Der Weg eines Smartphones

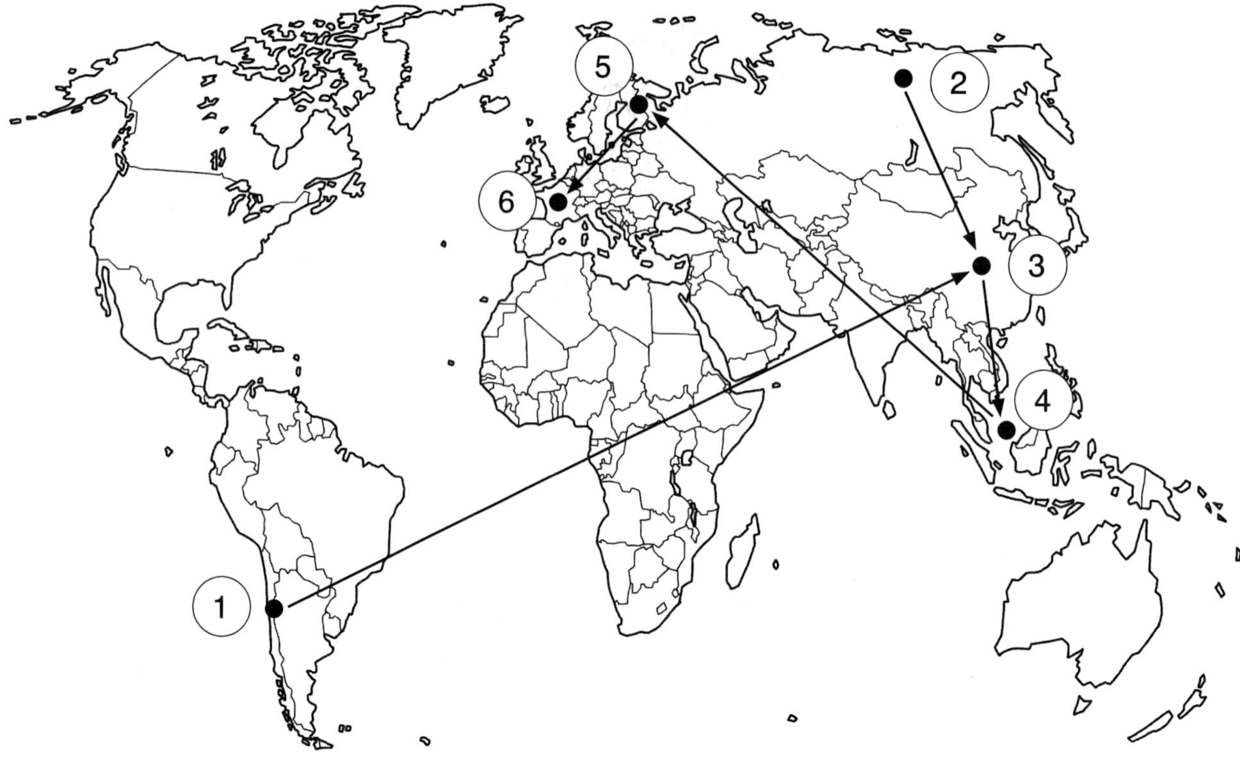

1. Ordne die Zahlen den richtigen Sätzen zu (→ zuordnen). Schreibe die Sätze in der richtigen Reihenfolge in dein Heft.

	In Finnland werden die Smartphones verpackt.
	Für ein Smartphone werden verschiedene Rohstoffe benötigt. In Chile wird Kupfer abgebaut.
	In Russland werden Silber und Gold abgebaut.
	Von Finnland aus werden die Smartphones nach Deutschland transportiert. Dort werden sie verkauft.
	Gold, Silber und Kupfer werden mit anderen Metallen nach China transportiert. Hier werden die Leiterplatten zusammengebaut (→ zusammenbauen).
	Danach werden die Leiterplatten nach Malaysia transportiert. Hier werden die Smartphones zusammengebaut und dann nach Finnland transportiert.

2. Schreibe die Kilometer (km) auf, die ein Smartphone während der Herstellung transportiert wird. Nutze einen Atlas und rechne alle Kilometer zusammen.

Beispiel: Finnland → Deutschland: 1 600 km.

Der Weg eines Smartphones

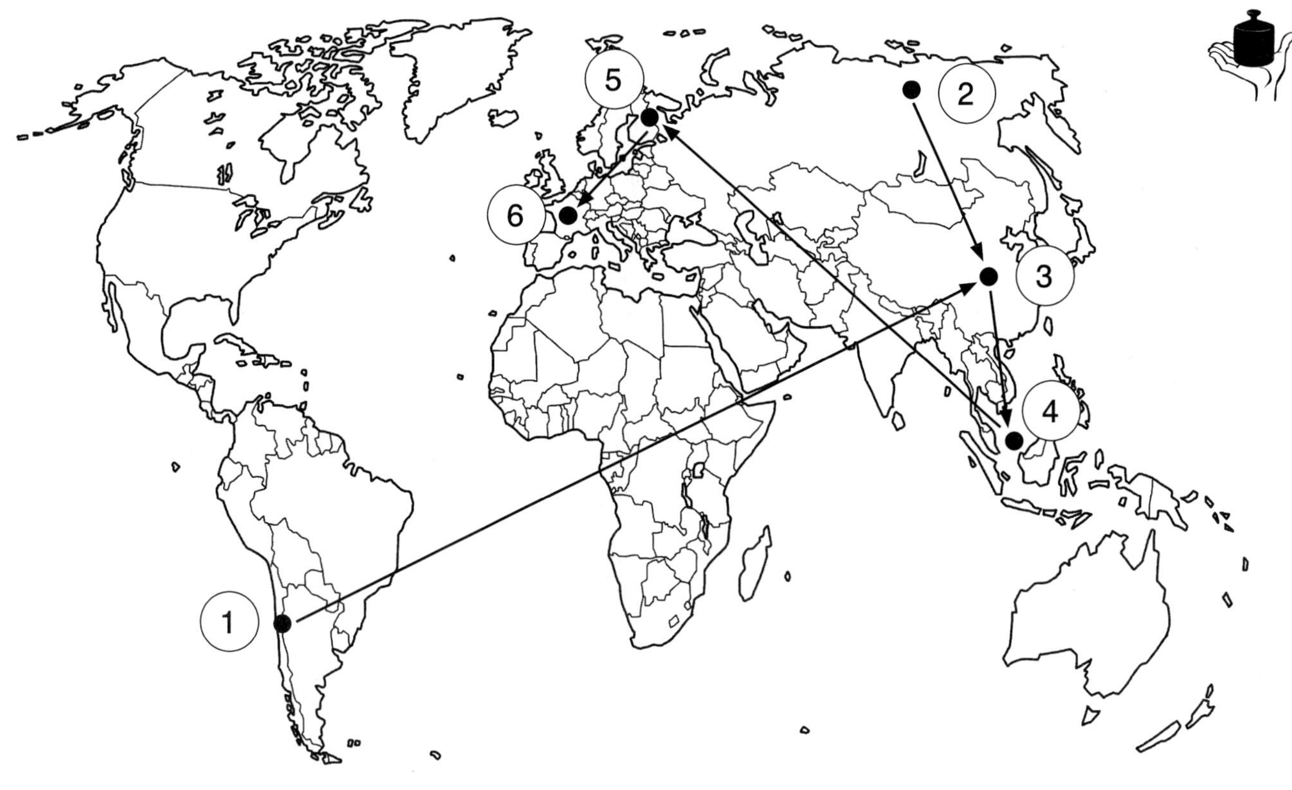

1.

5	In Finnland werden die Smartphones verpackt.
1	Für ein Smartphone werden verschiedene Rohstoffe benötigt. In Chile wird Kupfer abgebaut.
2	In Russland werden Silber und Gold abgebaut.
6	Von Finnland aus werden die Smartphones nach Deutschland transportiert. Dort werden sie verkauft.
3	Gold, Silber und Kupfer werden mit anderen Metallen nach China transportiert. Hier werden die Leiterplatten zusammengebaut (→ zusammenbauen).
4	Danach werden die Leiterplatten nach Malaysia transportiert. Hier werden die Smartphones zusammengebaut und dann nach Finnland transportiert.

2. Entfernungen: Chile → China: 20 000 km; Russland → China: 3 000 km; China → Malaysia: 3 500 km; Malaysia → Finnland: 9 000 km; Finnland → Deutschland: 1 600 km ⇒ **37 100 km**

Fossile Energieträger

Fossile Energieträger		
abbauen bau ab! *to mine*		**der Abbau** – *the mining*

Fossile Energieträger		
ablagern lagere ab! *to deposit*		die Ablagerung die Ablagerungen *the deposit*

Fossile Energieträger		
aufeinanderpressen press aufeinander! *to press together*		

Fossile Energieträger		
		der Brennstoff die Brennstoffe *the fuel*

Fossile Energieträger		
entstehen – *to form*		**die Entstehung** – *the formation*

Fossile Energieträger		
	fossil *fossil*	**das Fossil** die Fossilien *the fossil*

Fossile Energieträger		
		die Kohle – *the coal*

Fossile Energieträger		
		das Meer die Meere *the ocean*

Fossile Energieträger		
	tierisch *animal*	**das Tier** die Tiere *the animal*

Fossile Energieträger		
verändern verändere! *to change*		die Veränderung die Veränderungen *the change*

Fossile Energieträger sind Brennstoffe, die aus Pflanzen oder Tieren entstehen. Schon immer wird Holz als Brennstoff verwendet – Holzfeuer ist die älteste (→ alt) Art, Energie zum Kochen und Heizen zu gewinnen.

Heute haben wir Kohle, Elektrizität, Erdöl und Erdgas zum Kochen und Heizen.

Kohle entstand (→ entstehen) in vielen Millionen Jahren.

1. Lies den Text zur Entstehung von Kohle. Ordne die Bilder dem Text zu (→ zuordnen) und schreibe den richtigen Buchstaben in die Kästchen.

☐ Bäume (→ Baum) und Tiere starben (→ sterben) und ihre Überreste lagerten sich am Boden eines Meeres ab (→ ablagern).

☐ Das wiederholte sich mehrfach über viele Millionen Jahre. So entstanden (→ entstehen) viele Schichten.

☐ Unter großem Druck wurden die Schichten aufeinandergepresst.

☐ Nach Millionen Jahren wurde aus den abgestorbenen (→ sterben) Pflanzen und Tieren durch den Druck Kohle. Unter noch mehr Druck und in weiteren Millionen Jahren veränderte sich auch die Kohle und es entstand Erdöl.

a)

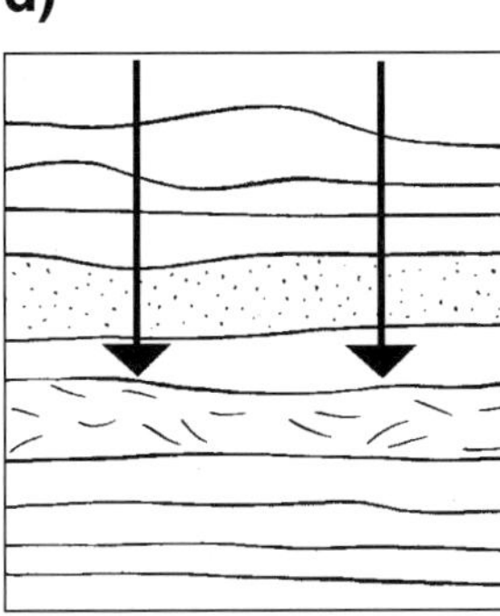

b)

c)

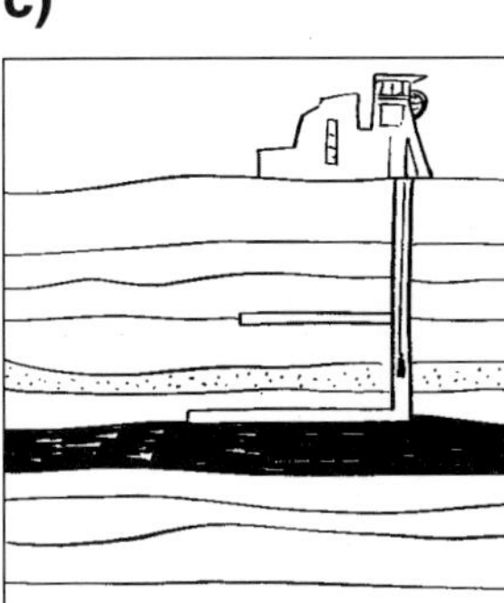

d)

2. Schaue im Atlas nach und schreibe auf, was man an den Orten abbaut: Erdöl, Steinkohle, Braunkohle, Erdgas.

Tipp: Es können auch mehrere Lösungen richtig sein.

a) Nordsee: ______________________

b) Leipzig/Halle: ______________________

c) Dortmund: ______________________

d) Köln: ______________________

e) Hannover: ______________________

f) München: ______________________

Fossile Energieträger

Fossile Energieträger sind Brennstoffe, die aus Pflanzen oder Tieren entstehen.
Schon immer wird Holz als Brennstoff verwendet – Holzfeuer ist die älteste (→ alt) Art, Energie zum Kochen und Heizen zu gewinnen.

Heute haben wir Kohle, Elektrizität, Erdöl und Erdgas zum Kochen und Heizen.

Kohle entstand (→ entstehen) in vielen Millionen Jahren.

1. Schau dir die Bilder an und schreibe die Sätze weiter. Die Satzteile im Kasten helfen dir.

die Schichten aufeinandergepresst. • veränderte sich auch die Kohle und es entstand (→ entstehen) Erdöl. • So entstanden viele Schichten. • lagerten sich am Boden eines Meeres ab (→ ablagern). • Pflanzen und Tieren durch den Druck Kohle.

a) Bäume (→ Baum) und Tiere starben (→ sterben) und ihre Überreste ______________________________

____

b) Das wiederholte sich mehrfach über viele Millionen Jahre.

____

____

c) 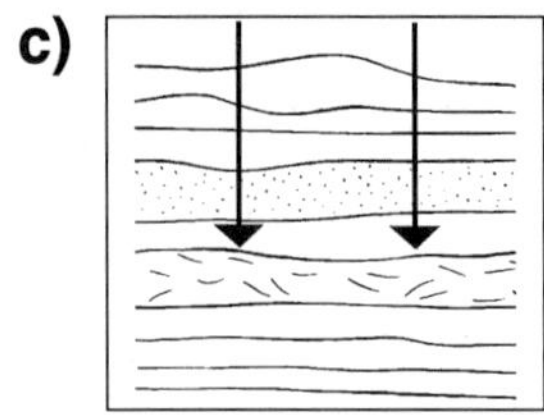

Unter großem Druck wurden ______________________________

____

d) 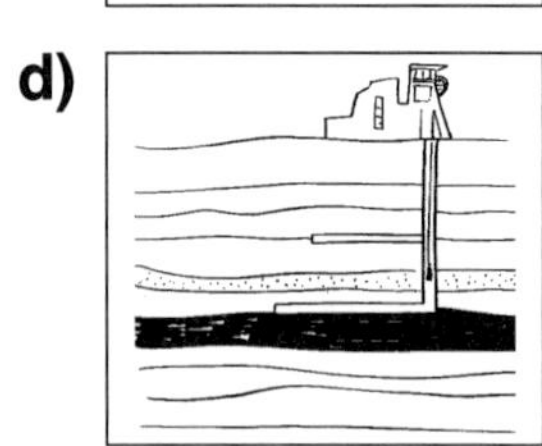

Nach Millionen Jahren wurde aus den abgestorbenen (→ sterben) ______________________________

____

____

e) 

Unter noch mehr Druck und in weiteren Millionen Jahren ______________________________

____

2. Schaue im Atlas nach und schreibe auf.

a) Wo kann man in Deutschland Erdöl finden? ______________________________

b) Wo kann man in Deutschland Steinkohle finden? ______________________________

Lösung

Fossile Energieträger

1. **d)** Bäume (→ Baum) und Tiere starben (→ sterben) und ihre Überreste lagerten sich am Boden eines Meeres ab (→ ablagern).

b) Das wiederholte sich mehrfach über viele Millionen Jahre. So entstanden (→ entstehen) viele Schichten.

a) Unter großem Druck wurden die Schichten aufeinandergepresst.

c) Nach Millionen Jahren wurde aus den abgestorbenen (→ sterben) Pflanzen und Tieren durch den Druck Kohle. Unter noch mehr Druck und in weiteren Millionen Jahren veränderte sich auch die Kohle und es entstand Erdöl.

2. **a)** Nordsee: Erdöl

b) Leipzig/Halle: Braunkohle

c) Dortmund: Steinkohle

d) Köln: Braunkohle, Erdgas

e) Hannover: Steinkohle

f) München: Erdgas

1. **a)**

Bäume (→ Baum) und Tiere starben (→ sterben) und ihre Überreste lagerten sich am Boden eines Meeres ab (→ ablagern).

b)

Das wiederholte sich mehrfach über viele Millionen Jahre. So entstanden (→ entstehen) viele Schichten.

c)

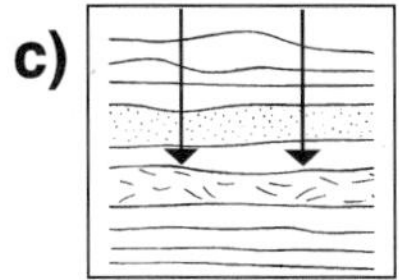

Unter großem Druck wurden die Schichten aufeinandergepresst.

d)

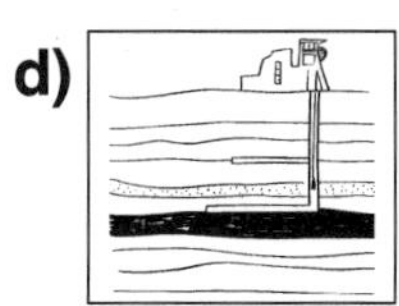

Nach Millionen Jahren wurde aus den abgestorbenen (→ sterben) Pflanzen und Tieren durch den Druck Kohle.

e)

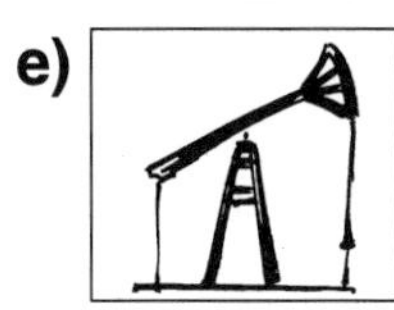

Unter noch mehr Druck und in weiteren Millionen Jahren veränderte sich auch die Kohle und es entstand Erdöl.

2. **a)** Nordsee.

b) Beispiele: Ruhrgebiet, Hannover, Heilbronn, ...

Erneuerbare Energien

Erneuerbare Energien		
	gut *good*	**das Gute** – *the good*

schlecht

Erneuerbare Energien		
	kräftig *forceful*	**die Kraft** die Kräfte *the force*

Erneuerbare Energien		
		die Küste die Küsten *the coast*

Erneuerbare Energien		
		das Meer die Meere *the ocean*

Erneuerbare Energien		
produzieren produziere! *to produce*		die Produktion die Produktionen *the production*

Erneuerbare Energien		
tragen trage! *to carry*		**der Träger** die Träger *the carrier*

Erneuerbare Energien		
umwandeln wandle um! *to convert*		die Umwandlung die Umwandlungen *the conversion*

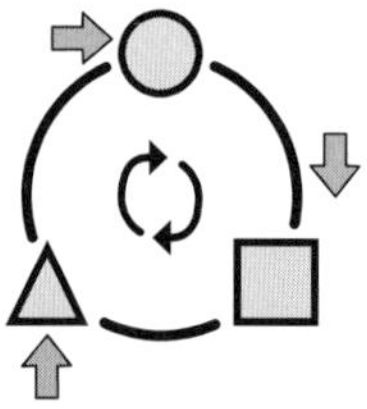

Erneuerbare Energien		
verbrauchen verbrauche! *to consume*		der Verbrauch – *the consumption*

Erneuerbare Energien		
wachsen wachse! *to grow*		**Wachstum** – *the growth*

Erneuerbare Energien		
		der Wald die Wälder *the forest*

Erneuerbare Energien

Erneuerbare Energien sind Energieträger (Träger von Energie), die wieder wachsen – man sagt auch, dass sie nachwachsen – oder die nicht verbraucht werden. Zu den nachwachsenden Energien gehören Holz und Pflanzen wie zum Beispiel Raps oder Mais.

Energieträger, die nicht verbraucht werden, sind die Sonne, der Wind, das Wasser und die Hitze der Erde, auch Erdwärme genannt.

1. Ordne die Buchstaben den Zahlen zu (→ zuordnen). Schreibe auf.

a) 

1. Durch Wind wird in **Windkraftanlagen** Energie erzeugt.

b) 

2. Die Strahlen der Sonne können durch **Sonnenkollektoren** in elektrische Energie umgewandelt (→ umwandeln) werden.

c) 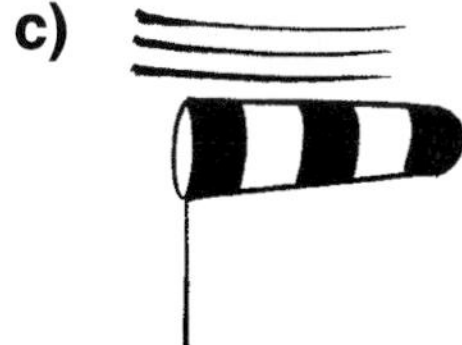

3. In einem **Wasserkraftwerk** wird die Kraft des Wassers in elektrische Energie umgewandelt.

d) 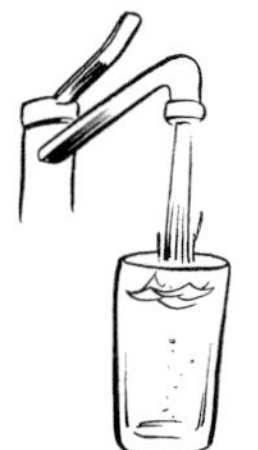

4. Wenn Pflanzen sterben, produzieren sie Gase. Mit den Gasen kann in **Biogasanlagen** Energie erzeugt werden.

a) ______________ **b)** ______________ **c)** ______________ **d)** ______________

2. Wo können Windkraftanlagen am besten (→ gut) stehen? Kreuze an (→ ankreuzen).

Meer | Berg | Wald | Stadt | Küste | Autobahn

Erneuerbare Energien

Erneuerbare Energien sind Energieträger (Träger von Energie), die wieder wachsen – man sagt auch, dass sie nachwachsen – oder die nicht verbraucht werden. Zu den nachwachsenden Energien gehören Holz und Pflanzen wie zum Beispiel Raps oder Mais.

Energieträger, die nicht verbraucht werden, sind die Sonne, der Wind, das Wasser und die Hitze der Erde, auch Erdwärme genannt.

Durch Wind wird in **Windkraftanlagen** Energie erzeugt.

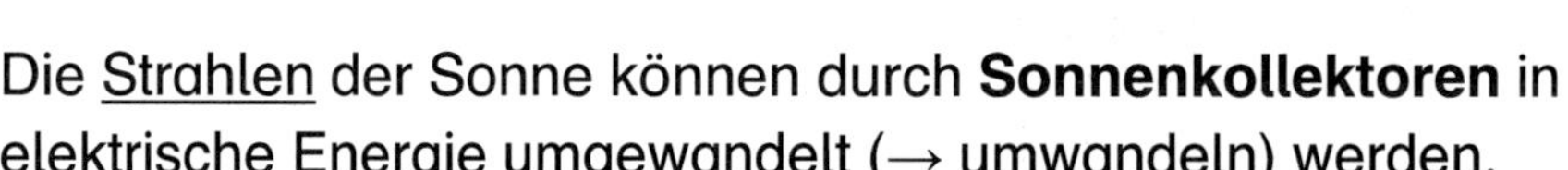

Die Strahlen der Sonne können durch **Sonnenkollektoren** in elektrische Energie umgewandelt (→ umwandeln) werden.

In einem **Wasserkraftwerk** wird die Kraft des Wassers in elektrische Energie umgewandelt.

Wenn Pflanzen sterben, produzieren sie Gase. Mit den Gasen kann in **Biogasanlagen** Energie erzeugt werden.

Schreibe die Wörter aus dem Kasten in die Lücken.

Gondel • Nabe • Rotorblätter • Turm • umgewandelt (→ umwandeln) • Wind

Eine Windkraftanlage besteht aus fünf Teilen. Auf dem Fundament steht der ____________. Er ist zwölf bis 130 Meter hoch. Auf dem Turm sitzt die ____________. In ihr liegt (→ liegen) der größte Teil der Technik. An der Gondel ist die ____________, an der die Rotorblätter angebracht sind. Der ____________ bewegt die ____________. Die Energie der Bewegung wird in der Gondel in Elektrizität ____________.

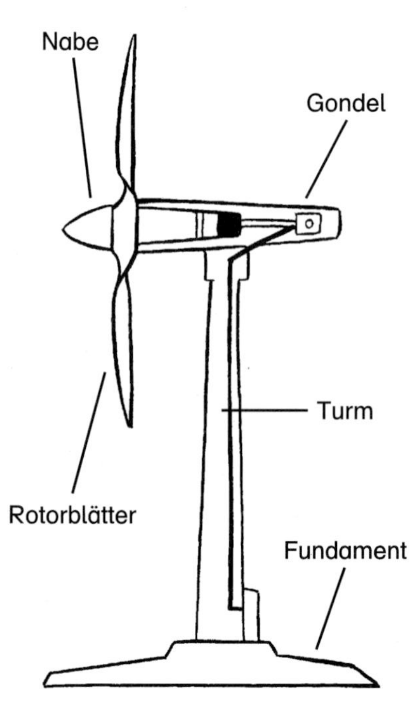

Erneuerbare Energien

1. a) 2 **b)** 4 **c)** 1 **d)** 3

2.

Meer	Berg	Wald	Stadt	Küste	Autobahn
✗	✗			✗	

Eine Windkraftanlage besteht aus fünf Teilen. Auf dem Fundament steht der **Turm**. Er ist zwölf bis 130 Meter hoch. Auf dem Turm sitzt die **Gondel**. In ihr liegt (→ liegen) der größte Teil der Technik. An der Gondel ist die **Nabe**, an der die Rotorblätter angebracht sind. Der **Wind** bewegt die **Rotorblätter**. Die Energie der Bewegung wird in der Gondel in Elektrizität **umgewandelt** (→ umwandeln).

Aufbau der Atmosphäre

Aufbau der Atmosphäre		
absorbieren absorbiere! *to absorb*		die Absorption die Absorptionen *the absorption*

Aufbau der Atmosphäre		
	dick *thick*	die Dicke – *the thickness*

Aufbau der Atmosphäre		
		das Flugzeug die Flugzeuge *the airplane*

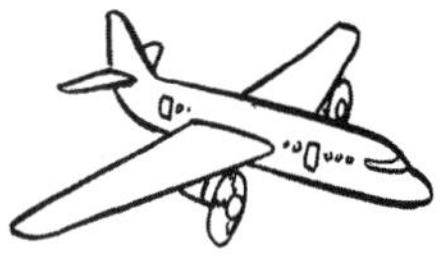

Aufbau der Atmosphäre		
	gefährlich *dangerous*	die Gefahr die Gefahren *the danger*

Aufbau der Atmosphäre		
		der Meteor die Meteore *the meteor*

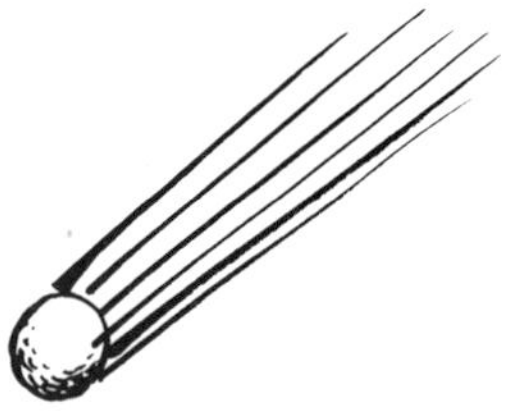

Aufbau der Atmosphäre		
		der Satellit die Satelliten *the satellite*

Aufbau der Atmosphäre		
		die Strecke die Strecken *the distance*

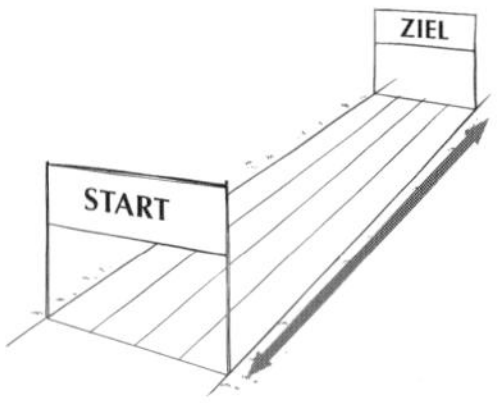

Aufbau der Atmosphäre		
umgeben umgib! *to surround*		die Umgebung die Umgebungen *the surroundings*

Aufbau der Atmosphäre		
verglühen – *to burn out*		

Aufbau der Atmosphäre

Atmosphäre nennt man die Schichten aus unterschiedlichen Gasen, die die Erde umgeben. Die Atmosphäre besteht aus Stickstoff (N; 78,1 %) und Sauerstoff (O_2; 20,9 %).

Elf bis zwölf km über dem Boden der Erde ist die **Troposphäre**. Das ist etwa so hoch, wie Flugzeuge auf langen Strecken fliegen. In der Troposphäre sind die Wolken. Je höher (→ hoch) man in der Troposphäre kommt, desto tiefer wird die Temperatur (bis –60 °C).

Die Schicht zwischen zwölf und 50 km nennt man **Stratosphäre**. In der Stratosphäre werden die gefährlichen UV-Strahlen der Sonne absorbiert. In 50 km Höhe fliegen Satelliten um die Erde.

Über der Stratosphäre kommen bis etwa 80 km die **Mesosphäre** und darüber die **Thermosphäre** bis etwa 400 km.

Über der Thermosphäre liegt die **Exosphäre**.

1. Schreibe auf: richtig (✓) oder falsch (✗)?

◯ **a)** Die Thermosphäre liegt etwa 70 km hoch.

◯ **b)** In der Troposphäre fliegen Flugzeuge.

◯ **c)** In der Thermosphäre werden die UV-Strahlen der Sonne absorbiert.

◯ **d)** Die Atmosphäre besteht aus fünf Schichten.

◯ **e)** Bis etwa 80 km Höhe liegt die Mesosphäre.

2. Beschrifte die Schichten der Atmosphäre.

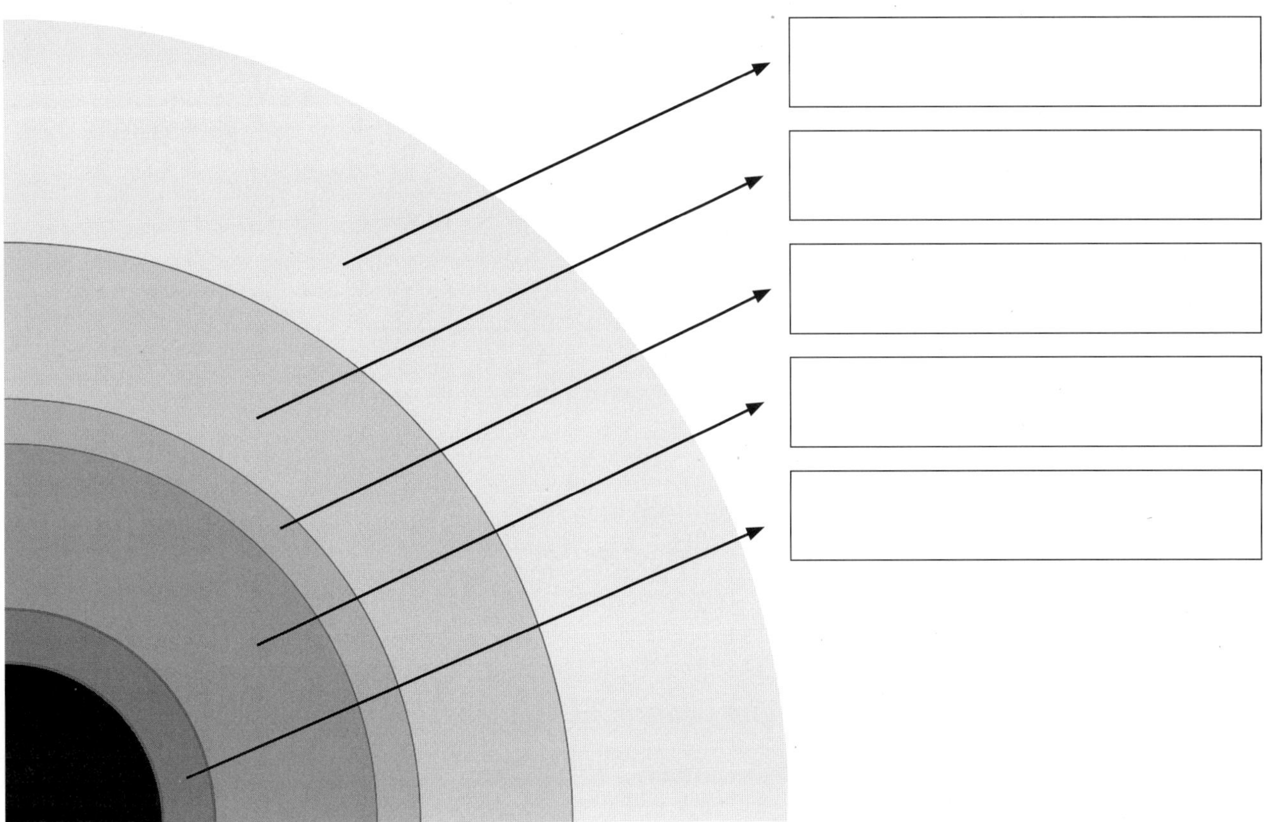

Aufbau der Atmosphäre

Atmosphäre nennt man die Schichten aus unterschiedlichen Gasen, die die Erde umgeben. Die Atmosphäre besteht aus Stickstoff (N; 78,1 %) und Sauerstoff (O_2; 20,9 %).

Elf bis zwölf km über dem Boden der Erde ist die **Troposphäre**. Das ist etwa so hoch, wie Flugzeuge auf langen Strecken fliegen. In der Troposphäre sind die Wolken. Hier entsteht das Wetter. Je höher (→ hoch) man in der Troposphäre kommt, desto tiefer wird die Temperatur (bis –60 °C).

Die Schicht zwischen zwölf und 50 km nennt man **Stratosphäre**. In der Stratosphäre werden die gefährlichen UV-Strahlen der Sonne absorbiert. In 50 km Höhe fliegen Satelliten um die Erde.

Über der Stratosphäre kommt bis etwa 80 km die **Mesosphäre**. In der Mesosphäre verglühen die Meteore. Es kann hier bis unter –100 °C kalt werden.

Darüber liegt die **Thermosphäre** bis etwa 400 km. In ihr umkreisen Spaceshuttles und die ISS die Erde.

Über der Thermosphäre liegt die **Exosphäre**. Sie geht über in das Weltall.

1. Ordne den Schichten die Eigenschaften zu (→ zuordnen).

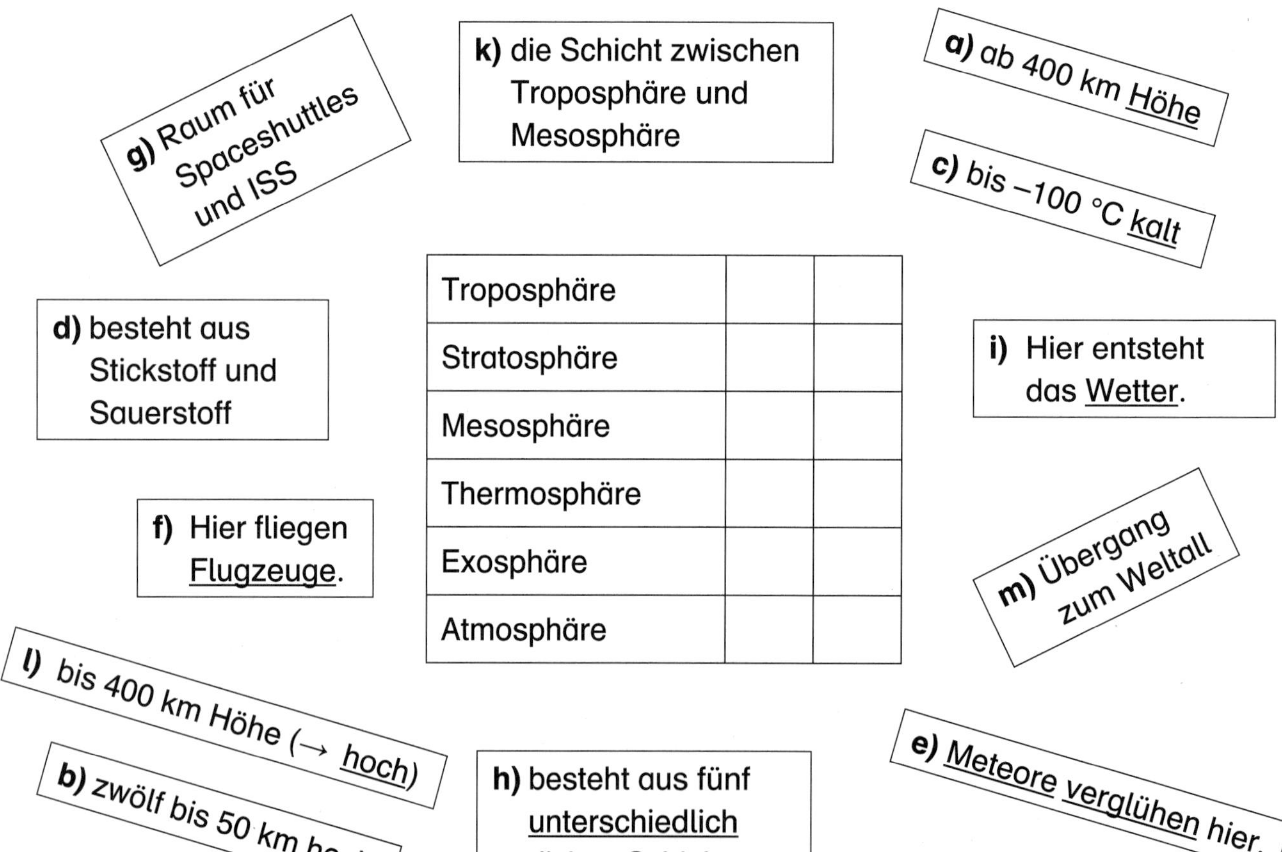

Troposphäre		
Stratosphäre		
Mesosphäre		
Thermosphäre		
Exosphäre		
Atmosphäre		

2. Zeichne eine Skizze der Atmosphäre unserer Erde in dein Heft. Beschrifte die Schichten.

Aufbau der Atmosphäre

1. ✗ **a)** Die Thermosphäre liegt etwa 70 km hoch.
   ✓ **b)** In der Troposphäre fliegen Flugzeuge.
   ✗ **c)** In der Thermosphäre werden die UV-Strahlen der Sonne absorbiert.
   ✓ **d)** Die Atmosphäre besteht aus fünf Schichten.
   ✓ **e)** Bis etwa 80 km Höhe liegt die Mesosphäre.

2.

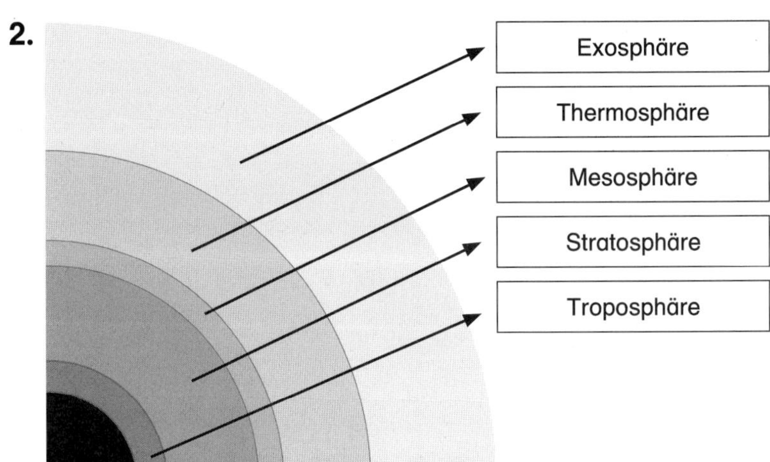

1.

Troposphäre	**f)**	**i)**
Stratosphäre	**b)**	**k)**
Mesosphäre	**c)**	**e)**
Thermosphäre	**g)**	**l)**
Exosphäre	**a)**	**m)**
Atmosphäre	**d)**	**h)**

2.

Exosphäre
Thermosphäre
Mesosphäre
Stratosphäre
Troposphäre

Treibhauseffekt

Treibhauseffekt			Treibhauseffekt		
absorbieren absorbiere! *to absorb*		die Absorption die Absorptionen *the absorption*		**anthropogen** *anthropogenic*	

Treibhauseffekt			Treibhauseffekt		
		die Atmosphäre – *the atmosphere*		**kurzwellig** *short-wave*	

Treibhauseffekt			Treibhauseffekt		
	langwellig *long-wave*		stärken stärke! to strengthen	**stark** *strong*	die Stärke die Stärken *strength*

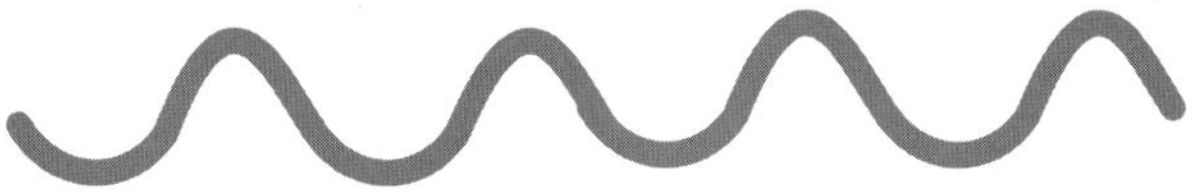

Treibhauseffekt			Treibhauseffekt		
		das Treibhaus die Treibhäuser *the greenhouse*	**umwandeln** wandele um! *to convert*		die Umwandlung die Umwandlungen *the conversion*

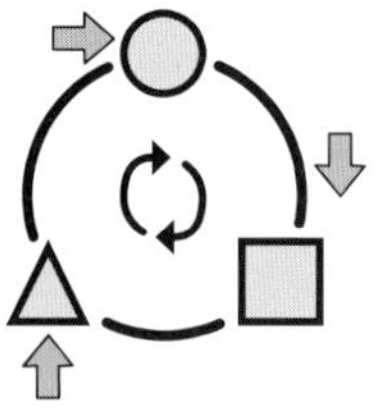

Der natürliche Treibhauseffekt

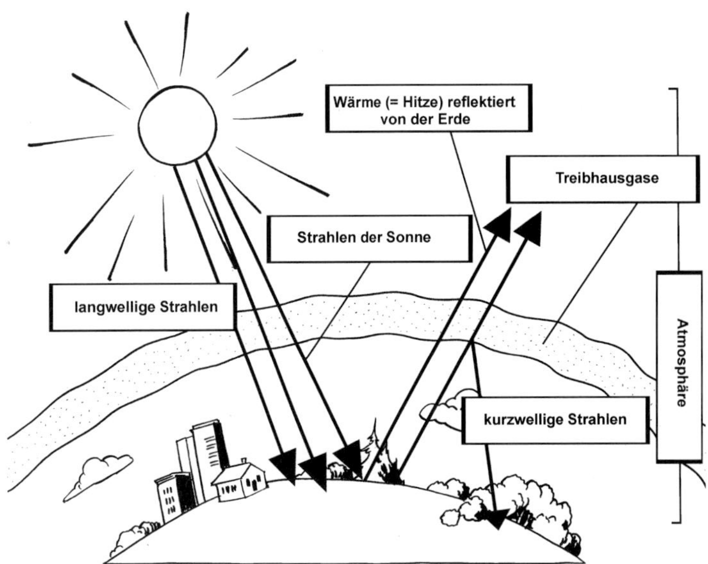

Die Strahlen der Sonne kommen langwellig auf den Boden der Erde. Der Boden absorbiert Teile der Strahlen und wandelt sie in kurzwellige Strahlen um (→ umwandeln).
Die kurzwelligen Strahlen bleiben durch die **Treibhausgase** (Gase im Treibhaus) in der **Atmosphäre** der Erde. Ohne diesen **Treibhauseffekt** wäre es auf der Erde mit etwa –18 °C viel kälter (→ kalt).

1. Verbinde die Sätze.

a) Die Strahlen der Sonne	◯	◯	in kurzwellige Strahlen umgewandelt (→ umwandeln).
b) Der Boden der Erde absorbiert	◯	◯	etwa –18 °C kalt.
c) Ein anderer Teil der Strahlen wird am Boden	◯	◯	dass es auf der Erde zu kalt wird.
d) Die kurzwelligen Strahlen	◯	◯	Teile der Strahlen.
e) Die Treibhausgase verhindern so,	◯	◯	kommen langwellig auf den Boden.
f) Ohne Treibhausgase wäre es auf der Erde	◯	◯	bleiben in der Atmosphäre.

2. Der anthropogene Treibhauseffekt: Durch die Menschen gibt es mehr Treibhausgase in der Atmosphäre. Dadurch wird der **Treibhauseffekt** immer stärker (→ stark). Ein Treibhausgas ist CO_2.

Woher kommt CO_2? Kreuze an (→ ankreuzen).

a) 
b) 
c) 
d) 
e) 
f) 
g) 

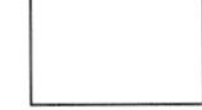      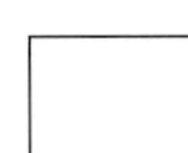

Der natürliche Treibhauseffekt

Die Strahlen der Sonne kommen langwellig auf den Boden der Erde. Der Boden absorbiert Teile der Strahlen und wandelt sie in kurzwellige Strahlen um (→ umwandeln).
Die kurzwelligen Strahlen bleiben durch die **Treibhausgase** (Gase im Treibhaus) in der **Atmosphäre** der Erde. Ohne diesen **Treibhauseffekt** wäre es auf der Erde mit etwa –18 °C viel kälter (→ kalt).

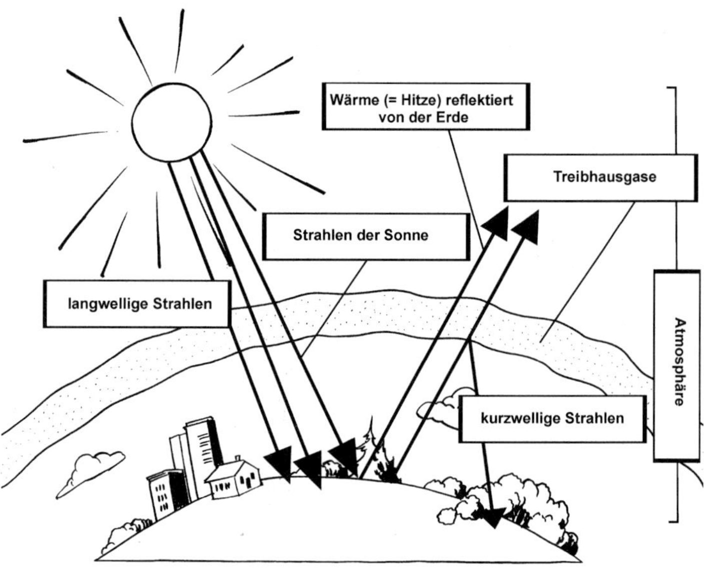

1. Beschreibe den natürlichen **Treibhauseffekt** in deinem Heft. Die Wörter im Kasten helfen dir.

absorbieren • Atmosphäre • Boden • Erde • kalt • kurzwellig • langwellig • Sonne • Strahlen • Treibhausgase • umwandeln

2. Der anthropogene Treibhauseffekt: Durch die Menschen gibt es mehr Treibhausgase in der Atmosphäre. Dadurch wird der **Treibhauseffekt** immer stärker (→ stark). Ein Treibhausgas ist CO_2.

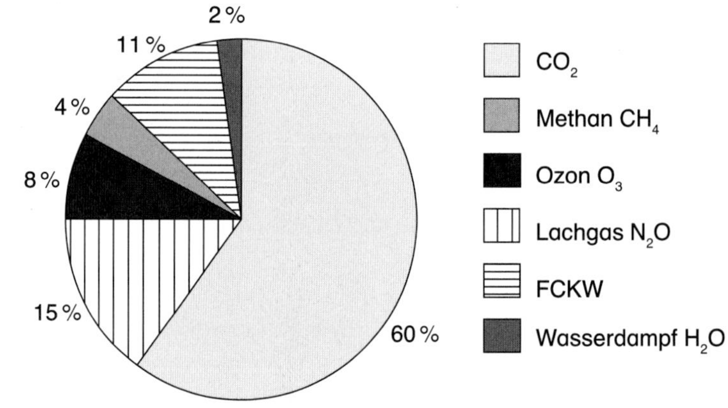

Lies die Grafik und überlege, welche Dinge den anthropogenen Treibhauseffekt durch CO_2 stärker machen. Kreuze die Bilder an (→ ankreuzen) und schreibe die Wörter aus dem Kasten unter die Bilder.

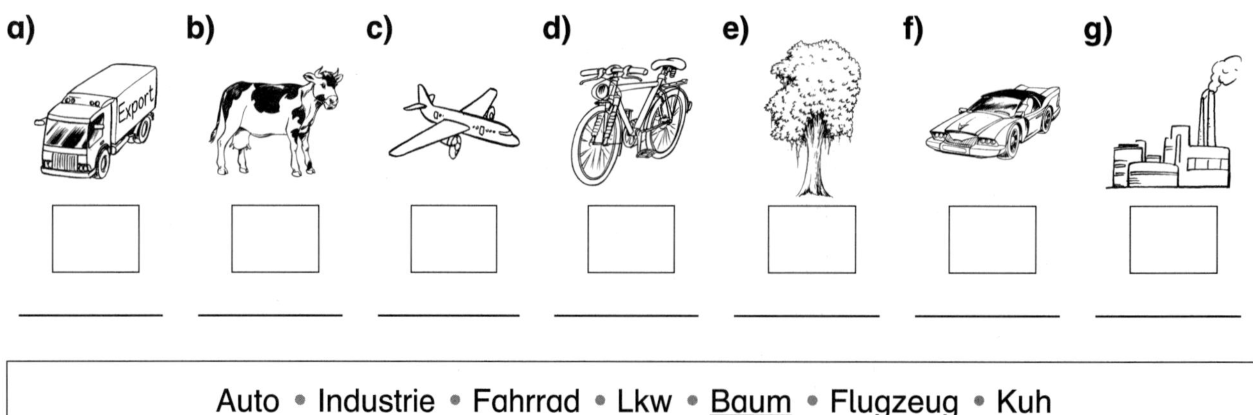

Auto • Industrie • Fahrrad • Lkw • Baum • Flugzeug • Kuh

3. Kennst du noch andere Dinge, die CO_2 produzieren? Schreibe in dein Heft.

Treibhauseffekt

1.

a) Die Strahlen der Sonne	in kurzwellige Strahlen umgewandelt (→ umwandeln).
b) Der Boden der Erde absorbiert	etwa –18 °C kalt.
c) Ein anderer Teil der Strahlen wird am Boden	dass es auf der Erde zu kalt wird.
d) Die kurzwelligen Strahlen	Teile der Strahlen.
e) Die Treibhausgase verhindern so,	kommen langwellig auf den Boden.
f) Ohne Treibhausgase wäre es auf der Erde	bleiben in der Atmosphäre.

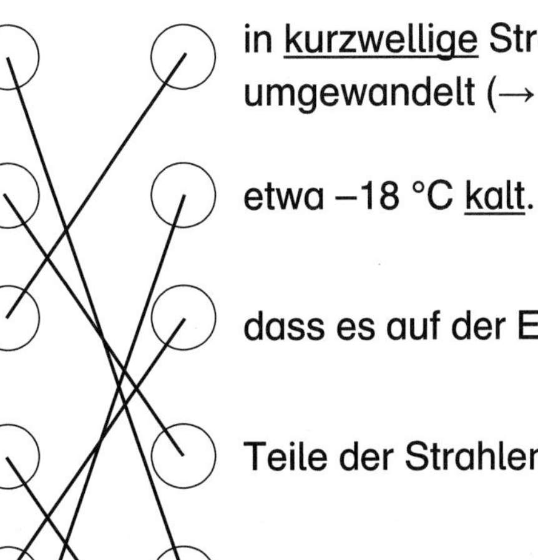

2.

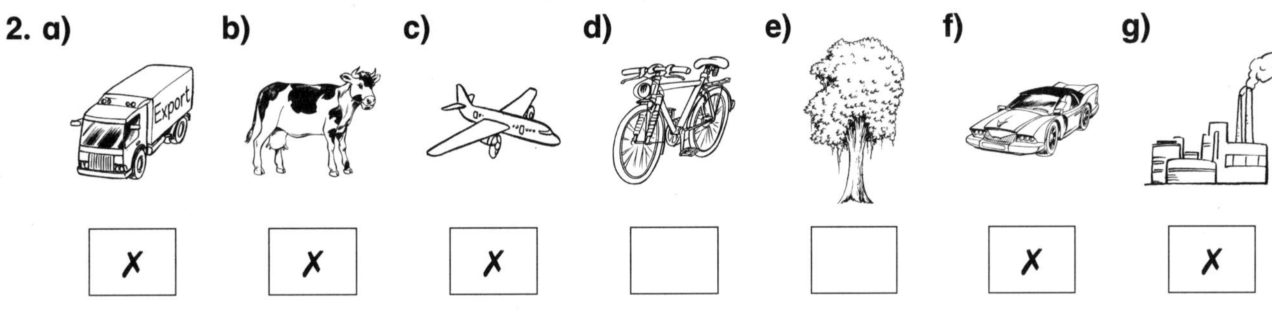

a)	b)	c)	d)	e)	f)	g)
✗	✗	✗			✗	✗

---

1. Beispiel:

Die Strahlen der Sonne kommen langwellig auf den Boden. Der Boden der Erde absorbiert Teile der Strahlen. Ein anderer Teil der Strahlen wird am Boden in kurzwellige Strahlen umgewandelt (→ umwandeln). Die kurzwelligen Strahlen bleiben in der Atmosphäre. Die Treibhausgase verhindern, dass es auf der Erde zu kalt wird. Ohne Treibhausgase wäre es auf der Erde etwa –18 °C kalt.

2.

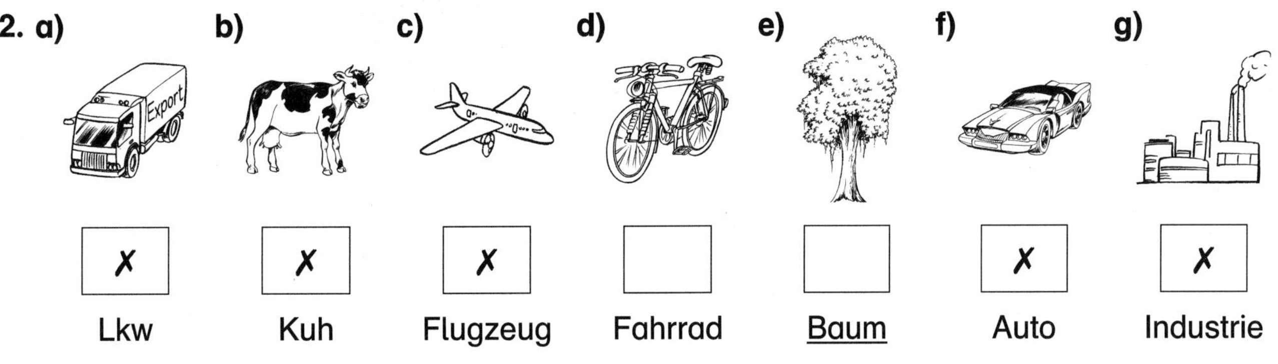

a)	b)	c)	d)	e)	f)	g)
✗	✗	✗			✗	✗
Lkw	Kuh	Flugzeug	Fahrrad	Baum	Auto	Industrie

3. Beispiele: Schiff, Bahn, Bus.

S. 35–37 Bild 1: Vulkan Tourismus © Alexander Piragis – Shutterstock.com

Bild 2: Mineralwasser © Tarasyuk Igor – Shutterstock.com

Bild 3: The Nesjavellir Geothermal Power Plant in Þingvellir, Iceland © By Gretar Ívarsson – Edited by Fir0002 – Gretar Ívarsson, geologist at Nesjavellir, Public Domain, https://commons.wikimedia.org/w/index.php?curid=2523755

Bild 4: Kosmetik © Catalina M – Shutterstock.com

Bild 5: Straßenbau © jocic – Shutterstock.com

Bild 6: Fruchtbarer Boden © daigor – stock.adobe.com

S. 36/37 Bild 7: vulkanische Bombe © Von Jhintzbe - Eigenes Werk, CC BY-SA 3.0, https://commons.wikimedia.org/w/index.php?curid=4940066

Bild 8: Ascheregen © Von Aldnonymous - Eigenes Werk, CC BY-SA 3.0, https://commons.wikimedia.org/w/index.php?curid=31158928

Bild 9: Zerstörung von Häusern © Von Robin Holcomb, U.S. Geological Survey – Archived source link, gemeinfrei, https://commons.wikimedia.org/w/index.php?curid=5883394

Bild 10: Zerstörung von Städten © Von giggel, CC BY 3.0, https://commons.wikimedia.org/w/index.php?curid=54500760

Bild 11: Lahar © By Tom Casadevall – http://vulcan.wr.usgs.gov/Volcanoes/MSH/SlideSet/ljt_slideset.html (direct link), Public Domain, https://commons.wikimedia.org/w/index.php?curid=260267

Bild 12: Giftgase © Von Photo by Senior Airman Walker, Kadena Air Force Base. U.S. Department of Defense (DOD), Gemeinfrei, https://commons.wikimedia.org/w/index.php?curid=5817050

S. 46 USA Cleveland. S. CC BY-SA 3.0, https://commons.wikimedia.org/w/index.php?curid=547213

S. 55/56 Bevölkerungspyramide von Afrika: eigene Grafik, Daten nach https://www.populationpyramid.net/de/afrika/2017/

S. 55–57 Tabelle/Bevölkerungspyramide zur Bevölkerung in Deutschland: eigene Grafik, Daten nach https://www.populationpyramid.net/de/deutschland/2017/

S. 91/92 Tauernwindpark Oberzeiring, Steiermark, Österreich. Von Kwerdenker – eigenes Werk, transferred from de:Bild:Tauernwindpark.jpg, CC BY-SA 3.0, https://commons.wikimedia.org/w/index.php?curid=455200

Vier Sonnenkollektoren zur Erzeugung von Wärme für eine Heizung. Von ChNPP – eigenes Werk, CC BY-SA 3.0, https://commons.wikimedia.org/w/index.php?curid=9659280

Wasserkraftwerk Kahlenberg in Mülheim an der Ruhr. Von Carschten, CC BY-SA 3.0 de, https://commons.wikimedia.org/w/index.php?curid=16518663

Biogasanlage in Wredenhagen. Von Mehlauge – eigenes Archiv, GFDL, https://commons.wikimedia.org/w/index.php?curid=61304073

Jederzeit optimal vorbereitet in den Unterricht?